U0882702

电子技能

主　编　夏建刚
副主编　游华涛　张欣华
参　编　冉　强　刘　一

科学出版社
北　京

内 容 简 介

本书主要介绍实用电子电路的基本知识、制作和测试。全书共分为十一个项目，分别是安全与素养教育，手工焊接技术，常用电子元器件的识别与检测，串联负反馈稳压电源、负反馈放大电路、LM386 集成功率放大电路、声光控延时开关电路的搭建与测试，以及九路自复位流水灯电路、电动机调速控制电路、超温声光报警电路、自动计数打包电路的装配与测试。

本书适合用作中职学校电子技术应用、物联网技术应用、工业机器人技术应用、机电一体化等电类专业的教学用书，也可供电子爱好者参考使用。

图书在版编目（CIP）数据

电子技能/夏建刚主编. —北京：科学出版社，2024.3
ISBN 978-7-03-078238-0

Ⅰ. ①电… Ⅱ. ①夏… Ⅲ. ①电子技术-中等专业学校-教材
Ⅳ. ①TN

中国国家版本馆 CIP 数据核字（2024）第 058755 号

责任编辑：杨 昕 戴 薇 王国策 / 责任校对：王万红
责任印制：吕春珉 / 封面设计：东方人华平面设计部

科学出版社出版
北京东黄城根北街 16 号
邮政编码：100717
http://www.sciencep.com
三河市骏杰印刷有限公司印刷
科学出版社发行 各地新华书店经销
*
2024 年 3 月第 一 版 开本：787×1092 1/16
2024 年 3 月第一次印刷 印张：10
字数：237 000

定价：45.00 元

（如有印装质量问题，我社负责调换〈骏杰〉）
销售部电话 010-62136230 编辑部电话 010-62135397-2032

版权所有，侵权必究

前　言

党的二十大报告指出，实施科教兴国战略，强化现代化建设人才支撑，办好人民满意的教育，深入实施人才强国战略。这为新时代职业教育改革发展指明了方向，通过“技能强国”与“产业强国”深度融合，职业教育历史地位进一步提升。本书编者团队由中职学校多年从事电类专业实训教学的专业教师和企业工作经验丰富的相关专业技术人员构成，结合中职电类专业教学与企业生产实际，从电子产品生产实际出发，以常用电子电路的识图、搭建与测试为实训任务，以国家职业技能标准为指导，以典型任务为载体组织实施教学。本书基于电子专业安全素养、基本元器件的识别与检测、焊接基本功等电路制作基本技能，设计了八个独立的电子产品电路制作项目。每个项目均以产品制作为中心，按照项目初识、项目目标、电路搭建、电路测试、项目评价等环节展开，难度适中，切合中职学生学情。此外，将电子技能训练融入产品制作项目中，还能激发学生学习的积极性。以独立的产品制作项目任务驱动教学，不仅增强了技能训练，还充分体现了“做中学、学中做”的中职教育理念。本书课程内容由中职学校一线教师与企业合作开发，项目任务大多源于企业真实产品，实训内容具有实用性和可操作性。

本书内容共需 144 学时，具体学时分配见下表。

项目	内容	建议学时
项目一	安全与素养教育	2
项目二	手工焊接技术	36
项目三	常用电子元器件的识别与检测	34
项目四	串联负反馈稳压电源的搭建与测试	8
项目五	负反馈放大电路的搭建与测试	10
项目六	LM386 集成功率放大电路的搭建与测试	8
项目七	声光控延时开关电路的搭建与测试	10
项目八	九路自复位流水灯电路的装配与测试	8
项目九	电动机调速控制电路的装配与测试	10
项目十	超温声光报警电路的装配与测试	8
项目十一	自动计数打包电路的装配与测试	10

由于编者水平有限，书中难免存在不足或不妥之处，恳请广大读者批评指正。

目　　录

项目一　安全与素养教育

项目目标

1. 了解电子信息产业发展现状，激发学生对电类专业的学习兴趣。
2. 了解专业素养的重要性，在实训过程中逐步培养学生良好的专业素养。
3. 掌握实训安全知识，在实训过程中保证学生人身安全和实训设备安全。

任务一　了解电子信息产业发展现状

我国电子信息产业发展成效显著，具有产业规模大、技术进步快、产业关联度强等特征，是我国经济增长的重要引擎，是国民经济的重要战略性产业。电子信息产业持续保持高速增长态势，产业规模进一步壮大；产业结构优化升级步伐加快，产品丰富，规模庞大，种类齐全，形成了较完整的产业链；产业集群趋势明显有利于电子信息产业持续良好发展。

（1）电子信息产业持续保持高速增长态势。我国电子信息产业在经历了起步阶段后，自20世纪90年代初进入了发展阶段，目前，已形成科研与教学、生产与应用相结合及整机制造与元器件生产相配套的较完整的工业生产体系。其间，电子信息产业产值持续快速增长，年平均增长率均保持在25%以上。除个别年份外，其产值在GDP中所占比重及对国民经济增长贡献率均保持快速增长。电子信息产业已成为国民经济的支柱产业、战略产业和先导产业。

（2）电子信息产业结构不断优化。产业结构不断优化主要体现在产品结构不断优化。从总体上看，我国电子信息产品结构不断优化，产业链逐渐形成，并朝着高技术、高品质、高附加值方向发展。同时，一批跨地区、跨行业、跨所有制的大集团开始形成，其对全行业的支撑作用逐步增强；产业集中度和企业集聚规模进一步提高，并已形成一些具有配套能力的产业基地。随着电子信息产业整体素质明显提高，其对国民经济增长的带动力进一步增强。

（3）电子信息产品出口增长势头强劲。一方面，我国电子信息产业充分利用国家鼓励出口的政策，牢牢抓住扩大产品出口的大好机遇，积极参与国际市场竞争，产品出口增长较快。另一方面，除了巩固原有的出口渠道外，进一步拓宽国外市场，其范围现已扩大至俄罗斯、南美等地。此外，电子信息产品的出口逐渐转向高附加值的高科技产品。

例如，手机、计算机及其外部设备等。有关数据显示，电子信息产业外贸依存度超过 50%，电子信息产品进出口对产业发展和全国外贸增长的拉动作用日益显著。

任务二 了解专业素养

智能家居兴起和“智慧城市”构建推动了电子行业发展。中职学校的毕业生将面向生产、管理和服务一线就业，对电子产品质量负责，其不仅应当具有一定的专业操作能力，还应具备相应的政治思想品质、职业技能素养和通识文化水平，并自觉遵守职业道德规范，展现服务品质和良好形象。同时，随着电子技术日新月异的发展，电子行业迎来了新的发展机遇，中职学校也要与时俱进，培养能够适应新挑战和把握新机遇的合格的电子专业人才。

中职学校的学生应当具备良好的政治思想品质，具体包括四个方面：①脚踏实地，做到一步一个脚印，踏踏实实地学习和工作，慢慢积累工作经验，在实践中成长、成才。②爱岗敬业，做到干一行爱一行，热爱自己的岗位工作，在自己的工作岗位上把平凡的工作做到不平凡，让自己的专业技术能力得到充分锻炼。③诚信友善，态度决定方向，心灵指引行动。不轻易许诺，承诺要慎重，一旦承诺，就要尽自己最大的努力做到。做真实的自己，少说多做，诚实做人，踏实做事。要有良好的职业素养，即要有精益求精的工匠精神、敢为人先的创新精神和吃苦耐劳的劳动品质。④提高通识文化水平，强化专业基本功，努力学习电子专业理论知识和技能，将理论与实践有机结合。

本门课程学习完毕，中职学生应该具备以下能力。

（1）了解电子仪表、仪器的基本结构及其正确使用与维护方法。

（2）掌握常用电子元器件的正确识别与检测方法。

（3）了解常用电子电路和简单整机电路的分析检测方法与常见故障排除方法。

（4）掌握电子电路安装的工艺知识和焊接技术，以及焊接工具及自动焊接设备的使用方法，熟练掌握手工焊接要点，学会使用自动焊接设备，了解焊点合格的标准。

（5）能够正确使用常用的电子仪表、仪器。

（6）能够正确阅读分析电路原理图和设备框图，并能根据原理图绘制简单电路图。

（7）初步学会借助工具书、设备铭牌、产品说明书及产品目录等资料，查阅与电子元器件及产品有关的数据、功能和使用方法。

（8）能按电路图要求正确安装、调试单元电子电路和简单整机电路。

（9）能够处理典型的电子设备故障。

（10）具有热爱科学、实事求是的学风和创新意识、创新精神。

（11）具有以爱岗敬业意识为基础的职业道德意识。

任务三　了解实训安全

保证实训安全是实训能够顺利完成的前提条件。实训安全具有两层含义：实训者的人身安全和仪器设备的使用安全。因此，在实训操作过程中，实训者应当严格遵守实训室安全用电规则。

1. 防止触电

（1）不用潮湿的手接触电器。

（2）电源裸露部分应有绝缘装置（电线接头处应当裹上绝缘胶带等）。

（3）所有电器的金属外壳都应保护接地。

（4）实训时，应先连接好电路，再接通电源。实训结束时，应先切断电源，再拆电路。

（5）维修或安装电器时，应先切断电源。

（6）不能用试电笔试高压电。使用高压电源时，应有专门的防护措施。

（7）若有人触电，应迅速切断电源，然后进行抢救。

2. 防止引起火灾

（1）使用的熔丝要与实训室允许的用电量相符。

（2）电线的安全通电量应大于用电功率。

（3）若室内有氢气、煤气等易燃易爆气体，应避免产生电火花。继电器工作和开关电闸时易产生电火花，因而要特别小心。电器接触点（电插头等）接触不良时，应当及时修理或更换。

（4）若遇电线起火，应立即切断电源，用沙土、二氧化碳或四氯化碳灭火器灭火，禁止用水或泡沫灭火器等导电液体灭火。

3. 防止短路

（1）电路中各接点应当牢固，电路元件两端接头不要互相接触以防短路。

（2）电线、电器不要被水淋湿或浸在导电液体中，如实训室用加热灯泡的接口不要浸在水中。

4. 电器仪表安全使用注意事项

（1）在使用前，应先了解电器仪表要求使用的电源是交流电还是直流电，是三相交流电还是单相交流电及电压大小（380V、220V、110V 或 6V）。此外，还要明确电器功率是否符合要求及直流电仪表的正、负极。

（2）仪表量程应当大于待测量，若待测量大小不明，则应从最大量程开始测量。

（3）实训前要检查电路连接是否正确，经教师检查同意方可接通电源。

（4）在电器仪表使用过程中，若发现有不正常声响、局部温升现象或嗅到绝缘漆过热产生的焦味，则应立即切断电源，停止实训，并报告教师进行检查。

勤勉成就梦想，技能改变人生

在现实生活中，曾经卑微的他成功实现了逆袭。这不是传奇故事，而是真人真事，其主人公梁攀在错失上高中的机会后，还能通过自己的努力成功实现个人价值并拥有光明的前途。

为了实现“学技能”和“挣高薪”两大目标，梁攀选择就读一家职业技术学校的电机电器装配与维修专业。之前“卖苦力”的经历让他比其他同学更努力，他每天早上7点出门学习，直到晚上9点才回宿舍，课余时间都会去旁听其他课程，因此他学到的知识和技能比其他同学都扎实。

2015年，学校要组建一支参加“第四届重庆职业技能大赛”的集训队，梁攀以优异的成绩入选，并代表学校拿到了二等奖。此外，他还顺利进入重庆市集训队，准备参加全国职业技能比赛。

2016年暑假，在重庆40℃的高温下，梁攀跟同学一起留在学校刻苦训练，以实际行动诠释了“成大事者须有坚韧不拔之志”这句话的深刻内涵。

2017年，梁攀以第四名的成绩成功入选国家队，被学校送到阿联酋阿布扎比观摩第44届世界技能大赛。见识过世界顶尖高手和一流技术，梁攀的梦想不再是“学技能”和“挣高薪”了，而是“参加世界技能大赛，做世界冠军！”但在当年，我国电子技术领域世界竞赛的最好成绩是第十名。

梁攀在毕业后拒绝了多家企业向他抛来的“橄榄枝”，毅然选择了留校。他一边作为教师进行教学，一边作为教练训练团队成员提升技能，一边作为选手积极备战第45届世界技能大赛。随着电子技术发展日新月异，比赛项目也在持续更新，如某些程序换成了全英文版。这让只有初中学历的梁攀在技能操作方面遇到很多难题，虽然倍感吃力，但是他珍惜每一个机会并乐此不疲，经常忙到凌晨才收工。

2018年，梁攀以第一名的成绩入选国家队，并代表中国队出战第45届世界技能大赛。经过紧张、忙碌、高强度的竞赛，中国队勇夺电子技术项目金牌，这是中国获得的第一枚电子技术项目金牌。

此刻，站在聚光灯下的梁攀骄傲地扬起身上的国旗，欢呼呐喊！他没有辜负辛苦的训练！7年前梁攀跌落的谷底有多深，7年后他的反弹就有多高！

为了满足企业对优秀技能型人才的需求，梁攀于2020年成立了“梁攀技能大师工作室”，该工作室是一个专门对接行业需求、企业需求并进行教育成果转化的机构。那个曾经梦想通过一技之长改变命运的少年，如今正在改变更多人的命运。他说：“激励更多劳动者走技能成才、技能报国之路，培养更多高技能人才，我希望在这方面做出自己的努力。”

梁攀一路逆袭的经历告诉我们：乾坤未定之前，大家皆是“黑马”，只有常怀信心，未来才会不平凡。

（资料来源：根据网络资料整理）

项目二　手工焊接技术

项目初识

电子产品是由电子元器件和功能部件按照电路的工作原理，采用一定的工艺方法装配而成的。在电子产品装配中，广泛使用的工艺方法是焊接。

焊接是在高温或高压条件下，使用焊接材料把两个或两个以上金属零件连接成一个部件的加工方法。电子产品生产过程中使用的焊接方法有手工焊接、浸焊、波峰焊与回流焊等。尽管目前现代化企业已经普遍使用自动插装、自动焊接工艺技术，但是在新产品试制、小批量试生产、产品检修及生产具有特殊要求的高可靠性产品（航天技术中的火箭、人造卫星等）时，仍须采用手工焊接。因此，在培养高素质电子技术人员、电子操作工的过程中，手工焊接技术是必不可少的训练内容。

项目目标

1. 了解电烙铁的结构。
2. 掌握电烙铁的检测与维护方法。
3. 掌握手工焊接技术要求，并能按照工艺要求完成简单的手工焊接与拆焊。

任务一　电烙铁的认识

一、任务描述

了解电烙铁的基本知识（电烙铁的型号、种类等），并正确处理新烙铁头，以保证电烙铁的正常使用。

二、任务准备

工具准备：电烙铁。
材料准备：焊锡丝。

三、任务实施

（1）观察自己所使用的电烙铁，根据所学知识填写表 2-1。

表 2-1　电烙铁基本认识

序号	观察内容	观察结果
1	电烙铁型号	
2	电烙铁种类	
3	电烙铁功率	
4	电烙铁电源电压	
5	烙铁头是普通纯铜烙铁头 还是长寿命烙铁头？	

（2）请对烙铁头进行镀锡，注意规范操作，确保安全。

四、任务评价

根据任务完成质量，填写表 2-2。

表 2-2　电烙铁的认识评价表

评价内容	配分	评分标准	评分
电烙铁 基本认识	50	表 2-1 填错一处扣 10 分	
烙铁头镀锡	40	镀锡过程规范，20 分	
		镀锡光亮、均匀，20 分	
安全文明操作	10	在操作过程中遵守电烙铁使用注意事项，未遵守一项扣 2 分，扣完为止	
总分	100		

任务二　电烙铁的检测与维护

一、任务描述

使用数字万用表检测电烙铁插头两金属片之间的电阻值，并以此判断电烙铁是否正常。若不正常，则首先完成故障排除工作。

二、任务准备

工具准备：电烙铁、3mm 一字螺丝刀、3mm 十字螺丝刀、数字万用表。

三、任务实施

1. 电烙铁的检测

（1）数字万用表挡位设置：20kΩ。

（2）使用数字万用表检测电烙铁电源插头两金属片之间的电阻值，并将测量数据填入表 2-3。

表 2-3　电烙铁电阻值检测表

检测内容	测量数据	万用表挡位	是否正常
电源插头两金属片之间的电阻值			

2. 烙铁芯的更换

（1）拆下电烙铁塑料手柄。

（2）使用数字万用表检测烙铁芯的电阻值，并将测量数据填入表 2-4。

表 2-4　烙铁芯电阻值检测表

检测内容	测量数据	万用表挡位	是否正常
烙铁芯电阻值			

（3）分析测量结果，如果确定烙铁芯已经损坏，请更换后重新测试，并将拆下的电烙铁组装还原。

（4）再次检测电烙铁电源插头两金属片之间的电阻值是否正常。

四、任务评价

根据任务完成质量，填写表 2-5。

表 2-5　电烙铁的检测与维护评价表

评价内容	配分	评分标准	评分
电烙铁电阻值检测	40	万用表挡位选择正确，万用表使用符合操作规范，10 分	
		规范完成相关测试，认真填写测量结果，错一处扣 10 分	
烙铁芯电阻值检测	40	万用表挡位选择正确，万用表使用符合操作规范，10 分	
		规范完成相关测试，认真填写测量结果，错一处扣 10 分	
安全文明操作	20	在操作过程中胆大心细，正确选择万用表挡位，不损坏电烙铁，不损坏设备	
总分	100		

任务三　手工焊接与拆焊

一、任务描述

学习“焊接五步法”，通过网板、导线、几何图形、直插元件、贴片元件等焊接练习，掌握焊接基本功，并练习直插元件的拆焊。

二、任务准备

工具准备：电烙铁、尖嘴钳、镊子、锉刀。

材料准备：$1mm^2$ 单股铜芯线 1 圈，$0.3mm^2$ 多股铜芯线 1 圈，焊锡丝 1 卷，纸胶带 1 卷。色环电阻器若干，万能板若干，贴片电阻器若干。

三、任务实施

1. 网板焊接练习

（1）所需工具及耗材。工具：电烙铁、尖嘴钳、镊子、锉刀、直尺或三角板。材料：$1mm^2$ 单股铜芯线、焊锡丝、纸胶带。

（2）练习说明。将约 50cm 长的 $1mm^2$ 单股铜芯线焊接成图 2-1 所示的网板。

要求：网板长宽均为 5cm，横竖各 5 段铜丝，铜丝之间的距离为 1cm，横向铜丝在竖向铜丝之上；焊点浸润良好、连接牢固。

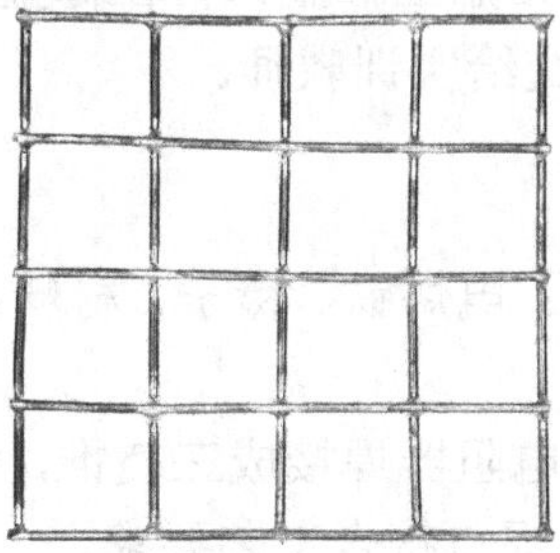

图 2-1　铜丝网板

（3）焊接完成后，先用纸胶带贴上标签，再在标签上写上组号和姓名，然后将成品和铜丝网板焊接评价表（表 2-6）提交给实训教师。

2. 导线焊接练习

（1）所需工具及耗材。工具：电烙铁、斜口钳、镊子、直尺或三角板。材料：$0.3mm^2$ 多股铜芯线、焊锡丝、纸胶带、万能板。

（2）练习说明。

① 将约 60cm 长的 $0.3mm^2$ 多股铜芯线均匀分为 20 段，每段两端剥去约 5mm 长绝缘层。

② 捻线、镀锡方法如图 2-2 所示，在焊接过程中注意控制焊接时间，避免铜箔脱落。

（a）捻好的多股铜芯线　　（b）镀好锡的多股铜芯线

图 2-2　导线捻线、镀锡方法

③ 将镀好锡的多股铜芯线焊接到万能板上，如图 2-3 所示。

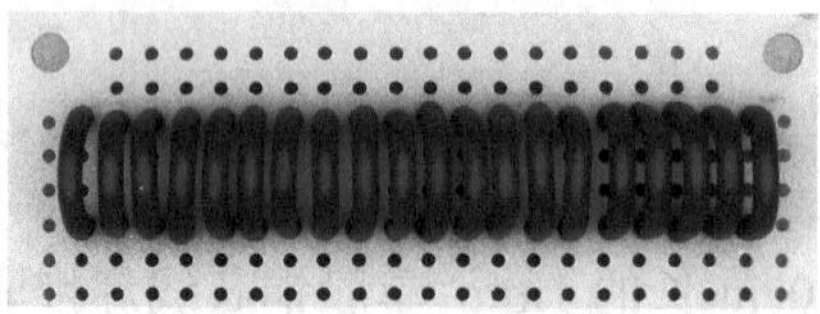

图 2-3　导线焊接实物图

（3）焊接完成后，先用纸胶带贴上标签，再在标签上写上组号和姓名，然后将作品和导线焊接评价表（表 2-7）提交给实训教师。

3. 几何图形焊接练习

（1）所需工具及耗材。工具：电烙铁、镊子。材料：2W 色环电阻器 6 只、焊锡丝、纸胶带。

（2）练习说明。将 6 只色环电阻器焊接成三棱锥，如图 2-4 所示。要求：排列美观、顶点处引脚不交叉、焊接牢固、焊点符合工艺要求。

（3）焊接完成后，先用纸胶带贴上标签，再在标签上写上组号和姓名（图 2-5），然后将成品和三棱锥焊接评价表（表 2-8）提交给实训教师。

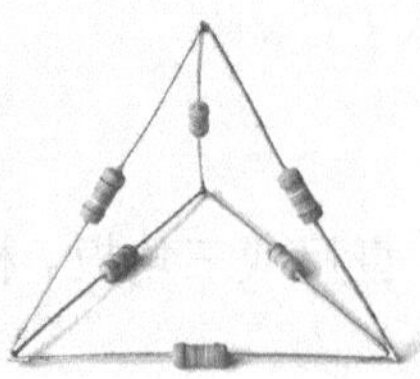

图 2-4　色环电阻器焊接成的三棱锥

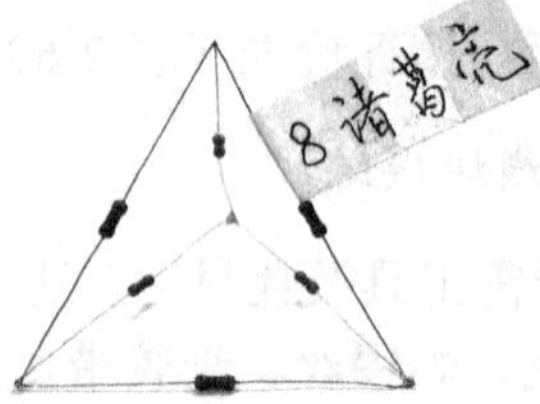

图 2-5　标签粘贴方法

4. 直插元件焊接练习

（1）所需工具及耗材。工具：电烙铁、斜口钳、镊子。材料：色环电阻器若干、焊锡丝、纸胶带、万能板。

（2）练习说明。将色环电阻器成形、插装、焊接到万能板上，要求一列卧式安装、一列立式安装，如图 2-6 所示。具体要求如下：

① 色环电阻器卧式安装占 5 个孔，电阻体紧贴万能板并处于 5 个孔的中央，色环方向一致。

② 色环电阻器立式安装占 2～3 个孔，不要倾斜，色环方向一致。

③ 色环电阻器排列整齐，安装方式相同的电阻器高度一致。

④ 焊点符合工艺要求，剪切留头在 0～0.5mm 之间。

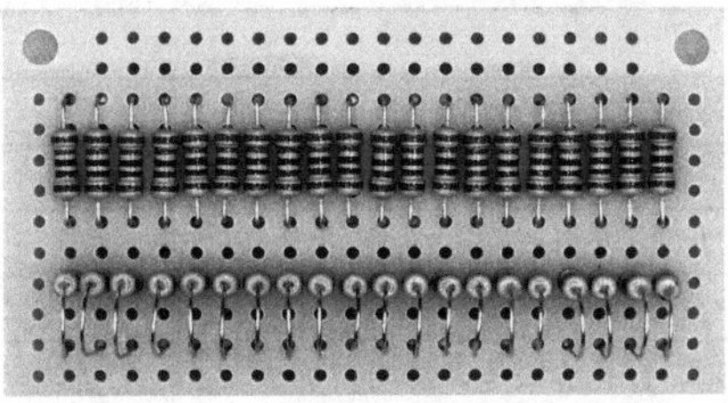

图 2-6　直插元件焊接练习

（3）焊接完成后，先用纸胶带贴上标签，再在标签上写上组号和姓名，然后将成品和直插元件焊接评价表（表 2-9）提交给实训教师。

5. 直插元件拆焊练习

（1）所需工具及耗材。工具：电烙铁、斜口钳、镊子。材料：已完成的直插元件焊接练习万能板、焊锡丝。

（2）练习说明。

① 将完成的直插元件焊接练习成品的所有电阻器拆下。

② 经教师检查确认后再重新安装至万能板。在拆焊和焊接过程中均须注意控制焊接时间，避免铜箔脱落。

（3）焊接完成后，将成品和直插元件拆焊评价表（表 2-10）提交给实训教师。

6. 贴片元件焊接练习

（1）所需工具及耗材。工具：电烙铁、镊子。材料：贴片电阻器若干、焊锡丝、纸胶带、贴片元件焊接万能板。

（2）练习说明。在贴片元件焊接万能板上焊接封装 0805 贴片电阻器，如图 2-7 所示。具体要求如下：贴片元件应当平贴板面且排列整齐，标识方向一致；焊点光滑无毛刺且略呈弧状，焊锡应当超过焊端高度的 2/3，但不应超过焊端高度。

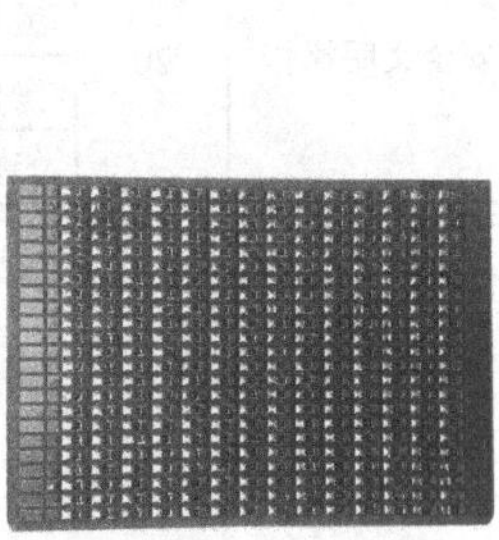

图 2-7　贴片元件焊接练习

（3）焊接完成后，先用纸胶带贴上标签，再在标签上写上组号和姓名，然后将成品和贴片元件焊接评价表（表 2-11）提交给实训教师。

四、任务评价

根据任务完成质量，分别填写（铜丝网板焊接评价表、导线焊接评价表、三棱锥焊接评价表、直插元件焊接评价表、直插元件拆焊评价表和贴片元件焊接评价表）表 2-6～表 2-11。

表 2-6　铜丝网板焊接评价表

评价内容	配分	评分标准	评分
网板焊接	80	网板尺寸、间距等符合要求，10 分	
		网板安装方法符合要求，10 分	
		焊点浸润良好、光滑圆润，20 分	
		焊点锡量合适，连接牢固，20 分	
		焊点无毛刺、针孔等缺陷，20 分	
安全文明操作	20	工具摆放整齐有序，工位整洁，不乱扔焊锡，不符合要求扣 5 分	
		爱惜实训器材和设备，遵守工具使用规范，不符合要求扣 5 分	
		操作过程中遵守电烙铁使用注意事项，未遵守扣 5 分	
		操作完毕，关闭实训台电源，不符合要求扣 5 分	
总分	100		

表 2-7　导线焊接评价表

评价内容	配分	评分标准	评分
导线焊接	80	导线捻线符合要求，10 分	
		导线镀锡符合要求，10 分	
		焊点浸润良好、光滑圆润，20 分	
		焊点形状、大小、爬锡高度符合要求，20 分	
		焊点无毛刺、针孔等缺陷，20 分	
安全文明操作	20	工具摆放整齐有序，工位整洁，不乱扔焊锡，不符合要求扣 5 分	
		爱惜实训器材和设备，遵守工具使用规范，不符合要求扣 5 分	
		操作过程中遵守电烙铁使用注意事项，未遵守扣 5 分	
		操作完毕，关闭实训台电源，不符合要求扣 5 分	
总分	100		

表 2-8　三棱锥焊接评价表

评价内容	配分	评分标准	评分
三棱锥焊接	80	色环电阻器排列美观，10 分	
		三棱锥顶点处引脚无交叉，10 分	
		焊点浸润良好、光滑圆润，20 分	
		焊点锡量合适，连接牢固，20 分	
		焊点无毛刺、针孔等缺陷，20 分	
安全文明操作	20	工具摆放整齐有序，工位整洁，不乱扔焊锡，不符合要求扣 5 分	
		爱惜实训器材和设备，遵守工具使用规范，不符合要求扣 5 分	
		操作过程中遵守电烙铁使用注意事项，未遵守扣 5 分	
		操作完毕，关闭实训台电源，不符合要求扣 5 分	
总分	100		

表 2-9　直插元件焊接评价表

评价内容	配分	评分标准	评分
直插元件焊接	80	色环电阻器成形符合工艺要求，10 分	
		色环电阻器排列整齐，色环方向一致，安装方式相同的电阻器高度一致，10 分	
		焊点浸润良好、光滑圆润，20 分	
		焊点形状、大小、爬锡高度符合要求，20 分	
		焊点无毛刺、针孔等缺陷，20 分	
安全文明操作	20	工具摆放整齐有序，工位整洁，不乱扔焊锡，不符合要求扣 5 分	
		爱惜实训器材和设备，遵守工具使用规范，不符合要求扣 5 分	
		操作过程中遵守“电烙铁使用注意事项”，未遵守扣 5 分	
		操作完毕，关闭实训台电源，不符合要求扣 5 分	
总分	100		

表 2-10　直插元件拆焊评价表

评价内容	配分	评分标准	评分
直插元件拆焊	40	通孔全部露出，未露出每个扣 1 分	
		铜箔部分损伤，每个扣 2 分；铜箔脱落，每个扣 3 分	
		电阻器损坏，每个扣 2 分	
直插元件焊接	40	色环电阻器成形符合工艺要求，5 分	
		色环电阻器排列整齐，色环方向一致，安装方式相同的电阻器高度一致，5 分	
		焊点浸润良好、光滑圆润，10 分	
		焊点形状、大小、爬锡高度符合要求，10 分	
		焊点无毛刺、针孔等缺陷，10 分	

续表

评价内容	配分	评分标准	评分
安全文明操作	20	工具摆放整齐有序，工位整洁，不乱扔焊锡，不符合要求扣 5 分	
		爱惜实训器材和设备，遵守工具使用规范，不符合要求扣 5 分	
		操作过程中遵守电烙铁使用注意事项，未遵守扣 5 分	
		操作完毕，关闭实训台电源，不符合要求扣 5 分	
总分	100		

表 2-11　贴片元件焊接评价表

评价内容	配分	评分标准	评分
贴片元件焊接	80	贴片元件平贴板面，10 分（不符合要求，每个扣 1 分）	
		贴片元件排列整齐，或标识方向一致，10 分（不符合要求，每个扣 1 分）	
		焊点浸润良好、光滑圆润，20 分	
		焊点形状、大小、爬锡高度符合要求，20 分	
		焊点无毛刺、针孔等缺陷，20 分	
安全文明操作	20	工具摆放整齐有序，工位整洁，不乱扔焊锡，不符合要求扣 5 分	
		爱惜实训器材和设备，遵守工具使用规范，不符合要求扣 5 分	
		操作过程中遵守电烙铁使用注意事项，未遵守扣 5 分	
		操作完毕，关闭实训台电源，不符合要求扣 5 分	
总分	100		

知识探究

一、电烙铁的认识

1. 电烙铁的种类、结构及特点

电烙铁按照发热方式分为外热式、内热式两种，按照功能分为恒温电烙铁、吸锡电烙铁等。下面分别介绍其结构和特点。

1）外热式电烙铁

外热式电烙铁（图 2-8）的加热元件（熔铁芯）安装在烙铁头的外面，其加热效率低、加热速度缓慢，但烙铁头价格便宜且使用寿命较长。外热式电烙铁的常用规格有 30W、40W、50W、60W 等。

2）内热式电烙铁

内热式电烙铁（图 2-9）的烙铁芯安装在烙铁头里面，因而发热快、热利用率高。例如，20W 内热式电烙铁相当于 40W 外热式电烙铁。内热式电烙铁的常用规格有 20W、35W、50W 等。

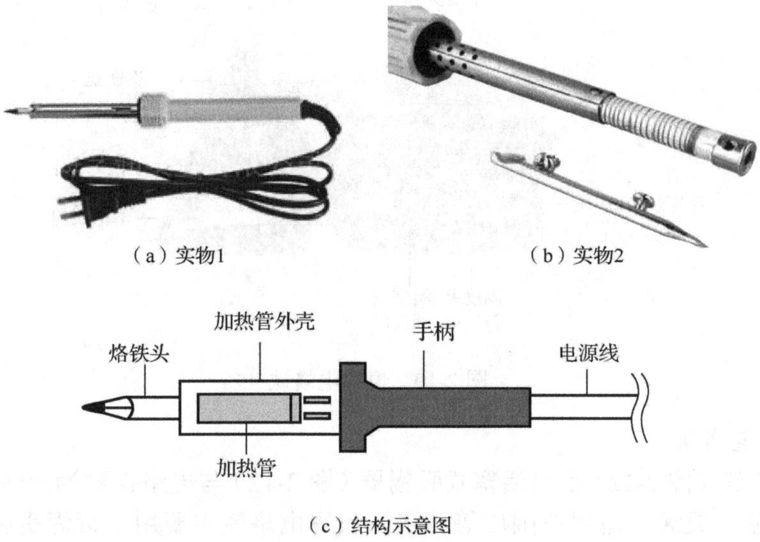

图 2-8　外热式电烙铁

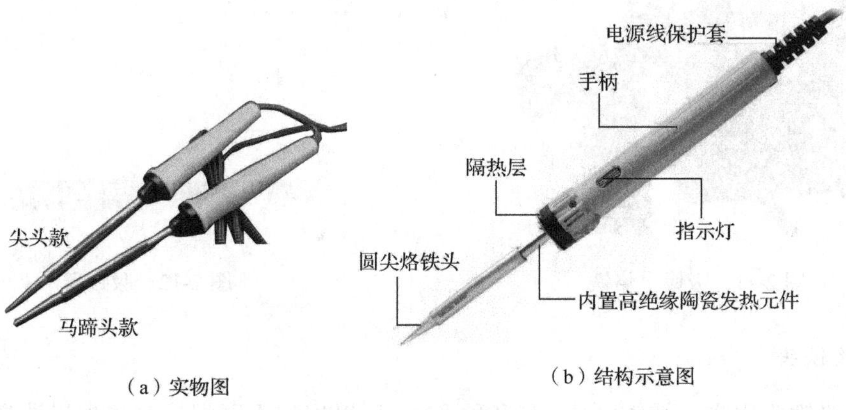

图 2-9　内热式电烙铁

3）恒温电烙铁

在恒温电烙铁头内装有温控元件，通过温度控制电路控制通电时间，进而控制烙铁头的温度，使电烙铁处于恒温状态。恒温电烙铁（图 2-10）具有升温迅速、节能、工作可靠、寿命长等特点，是电子制造行业和电子产品修理行业理想的焊接工具。

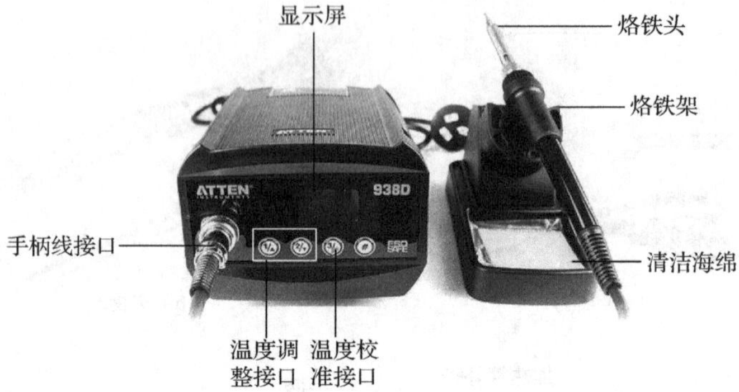

图 2-10　恒温电烙铁

4）吸锡电烙铁

吸锡电烙铁（图 2-11）是将活塞式吸锡器（图 2-12）与电烙铁融为一体的拆焊工具，具有使用方便、灵活及适用范围广等特点。吸锡电烙铁主要用于拆焊引脚较多的集成电路。

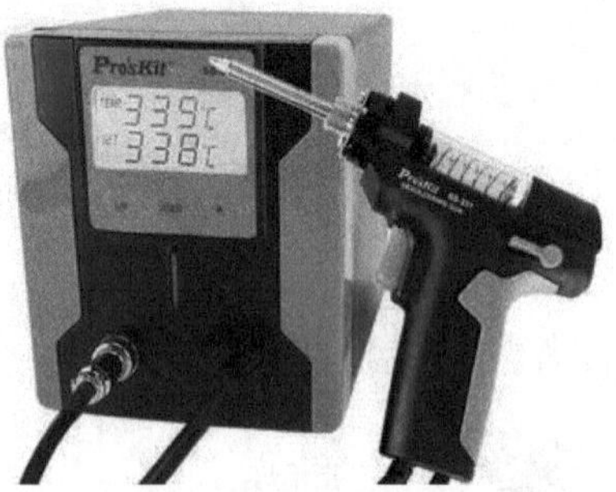

图 2-11　吸锡电烙铁

图 2-12　吸锡器

2. 烙铁头

普通烙铁头用实心纯铜制成，有多种形状，可以根据不同焊接对象加以选择。图 2-13 所示为常见内热式烙铁头形状。

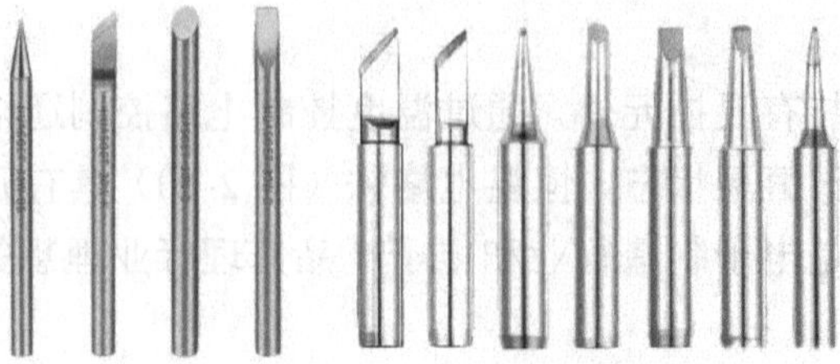

图 2-13　常见内热式烙铁头形状

需要注意的是，烙铁头有两种：①普通纯铜烙铁头。这种烙铁头加热后表面温度高，与空气接触后极易氧化，一旦形成氧化层就很难上锡，如果被“锡蚀”变形，则可用锉刀整形，用细砂纸或刀片去除氧化层后重新上锡。②长寿命烙铁头。这种烙铁头上有银白色合金电镀层，合金电镀层具有良好的上锡性和防腐蚀性，一般不得打磨和修锉，以免破坏其原有的特性，缩短其使用寿命。

3. 新烙铁使用前的处理

新烙铁不能马上使用，必须先对烙铁头进行处理后才能正常使用，即在使用前必须给烙铁头镀锡。具体方法是：先把烙铁头按照需要锉成一定的形状（长寿命烙铁头不能锉），然后接上电源，当烙铁头温度升至能够熔锡时，用焊锡丝给烙铁头涂上一层焊锡。

4. 电烙铁使用注意事项

（1）使用前，应当认真检查电源插头、电源线有无损坏，并检查烙铁头是否松动。

（2）要经常给烙铁头上锡，使其保持光亮有锡状态。若在焊接中发现烙铁头有黑色氧化物不易粘锡，则须将烙铁头用清洁海绵清洁后重新上锡。

（3）烙铁头加热后温度很高，使用时要防止烫伤。一旦发生烫伤，应尽快用冷水长时间冲洗或用冰块冷敷，防止起泡，严重烫伤应当及时就医。

（4）在焊接过程中，电烙铁不能随处乱放。不使用时，应将电烙铁放在烙铁架上。注意电源线不可搭在烙铁头上，以免烫坏电源线的绝缘层。

（5）烙铁头较为尖锐，使用时不能将尖锐部分对着别人或自己，以免戳伤。

（6）电烙铁不能敲击，以免损坏发热芯。

（7）使用结束后，应当及时切断电源，拔下电源插头，待电烙铁冷却后再将其收回工具箱。

二、电烙铁的检测

用数字万用表 20kΩ电阻挡检测电烙铁电源插头两金属片之间的电阻值，其正常值约为几千欧姆，如图 2-14 所示。若检测值为无穷大，则说明电烙铁内部开路；若检测值接近零，则说明电烙铁内部短路，必须排除故障后方可使用。

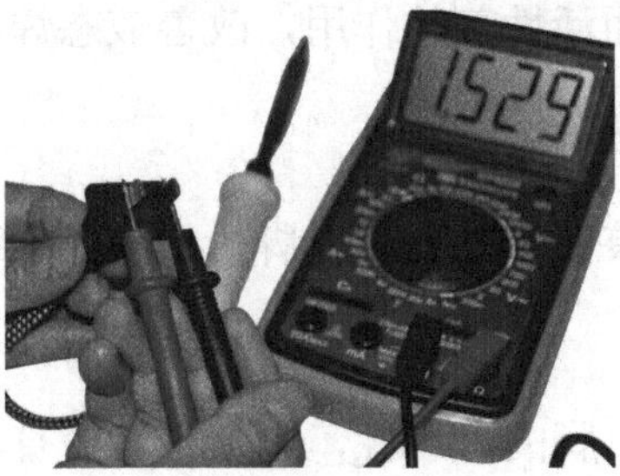

图 2-14 用数字万用表检测电烙铁

三、烙铁芯的更换

烙铁芯是电烙铁的核心部件，如果烙铁芯损坏，烙铁头就不发热，整个电烙铁就失去了作用。

若电烙铁电源插头两金属片间的电阻值为无穷大且电源线没有明显损坏，应拆开电烙铁塑料手柄（图 2-15）。用万用表检测烙铁芯的电阻值，若检测值为无穷大，则说明烙铁芯已经损坏，需要立即更换。

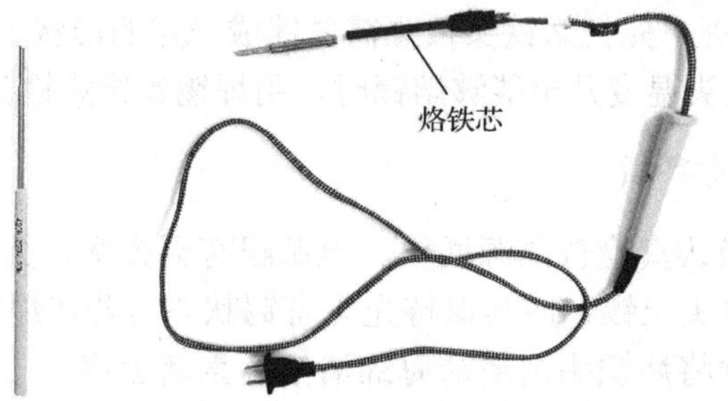

图 2-15　电烙铁拆解

在更换烙铁芯时，要注意将烙铁芯的引线与接线桩连接牢靠，两根引线不能短路。同时，还要注意接线桩与烙铁芯主体部分之间的引线不能留得过短，以免引线因受力过大而与主体脱离。更换烙铁芯后将拆下的电烙铁组装还原，再次检测电烙铁电源插头两金属片之间的电阻值，如果检测值正常，就能使用。

四、焊料与焊剂

焊料一般采用直径为 0.5mm 或者 0.8mm、锡铅含量为 63/37 的低熔点焊锡丝。

焊剂（即助焊剂），通常是以松香为主要成分的混合物。助焊剂有以下作用：

（1）利用化学还原反应去除母材和焊料合金表面的氧化物，为液态焊料在母材上的浸润铺展创造条件。

（2）在焊接完成之前，助焊剂可以保护母材和焊料合金表面，防止其二次氧化。

（3）助焊剂可以起到界面活性剂的作用，改善液态焊料对母材的浸润铺展能力。

五、色环电阻器插装方法

色环电阻器插装分为插装前预处理、引脚成形和插装三个步骤。

1. 插装前预处理

预处理主要检查元器件引脚的可焊性，包括引脚校直、表面清洁及镀锡三个步骤。新色环电阻器引脚可焊性好，可以省略预处理过程。

2. 引脚成形

在插装之前先要对电阻器引脚加工成形，即根据万能板上焊盘插孔距离和安装具体要求将其弯折成所需形状。引脚成形后，电阻器不应破裂，表面封装不应损坏，引脚弯曲部分不允许出现模印、压痕和裂纹。引线弯曲处距离封装根部不小于 1.5mm，要求弯曲处呈圆弧形。

图 2-16 所示为卧式插装和立式插装的电阻器成形实物图。

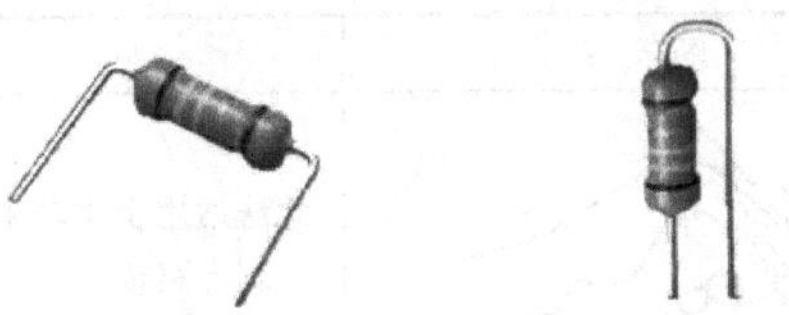

（a）卧式　　（b）立式

图 2-16　电阻器成形实物图

3. 插装

（1）卧式插装要求：功率小于 1W 的色环电阻器平行且紧贴万能板插装，元件体居于两插孔中央位置，色环方向一致，如图 2-17（a）所示。功率大于或等于 1W 的色环电阻器平行于万能板插装，且元件体与万能板之间的距离≥1.5mm，元件体居于两插孔中央位置，色环方向一致，如图 2-17（b）所示。

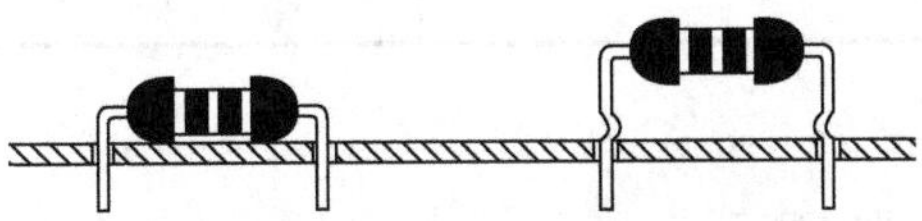

（a）功率小于1W　　（b）功率大于或等于1W

图 2-17　色环电阻器卧式插装示意图

（2）立式插装要求：立式插装电阻器不要倾斜，色环方向一致，如图 2-18 所示。

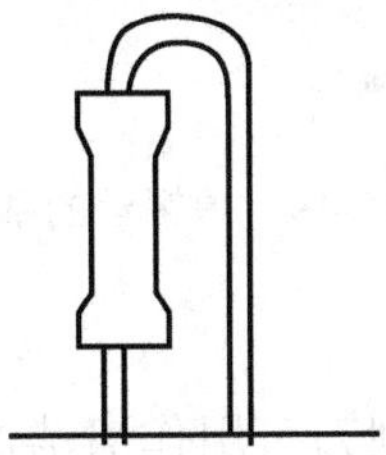

图 2-18　色环电阻器立式插装示意图

六、手工焊接方法

1. 电烙铁的握法

为使待焊接件焊接牢固又不烫伤其周围元器件及导线，根据待焊工件的位置、大小及电烙铁功率大小，正确选择电烙铁的握法尤为重要。电烙铁的握法见表 2-12。

表 2-12 电烙铁的握法

握法	图示	适用范围
笔握法	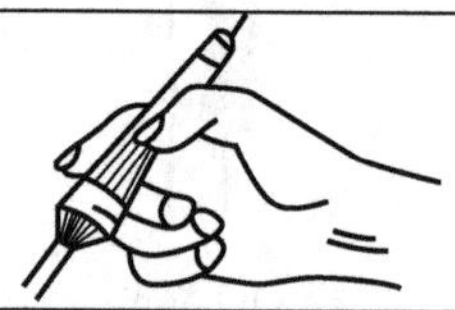	此法适用于小功率电烙铁焊接散热量较小的被焊件，如印制电路板
正握法	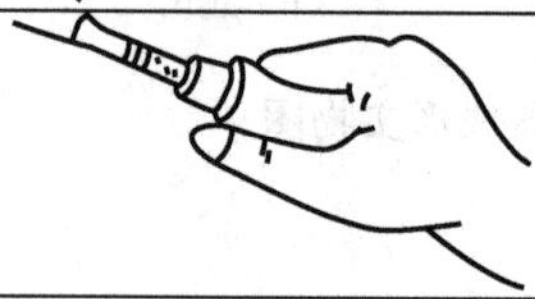	用五指把电烙铁柄握在掌内，此法适用于大功率电烙铁焊接散热量较大的被焊件
反握法	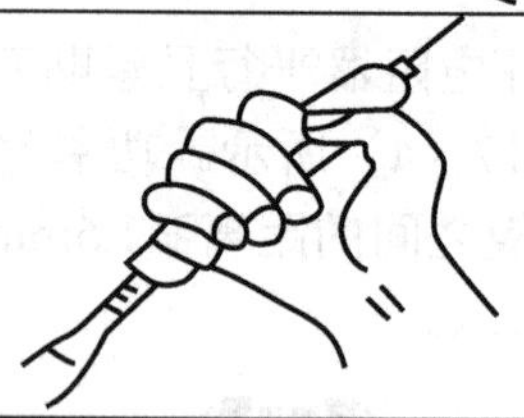	此法适用于较大的电烙铁，如弯形烙铁头

2. 焊锡丝的拿法

焊锡丝的拿法如图 2-19 所示。

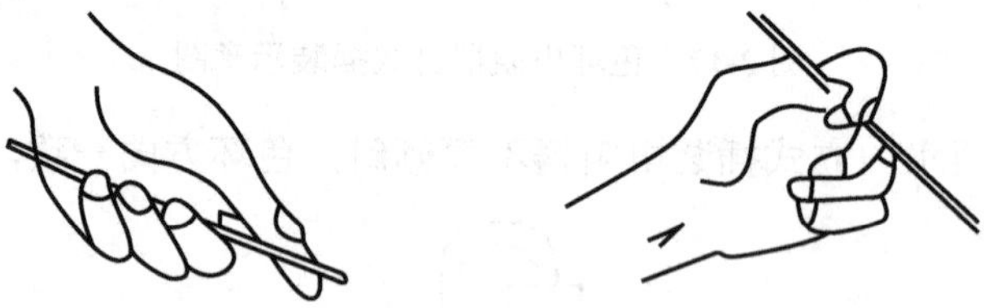

图 2-19 焊锡丝的拿法

3. 焊接面的清洁和镀锡

砂纸（布）及用废锯条做成的刮刀可用作清洁焊接面的工具。焊接前应先清除焊接面的绝缘层、氧化层及污物，直到完全露出纯铜表面且其上不留一点污物。此外，对于一些镀金、镀银或镀锡的基材，不能将其镀层刮掉，只能用粗橡皮擦去其表面污物。焊接面清洁完成后应当尽快镀锡，以免其表面重新氧化。

焊接面的清洁和镀锡是确保焊锡质量及避免虚焊、假焊的关键。

4. 导线焊接前处理

若焊接多股导线，则应先将线头按照焊接要求剥出合适的长度，再将剥出的线头拧成一股，然后镀锡，如图 2-20 所示。

（a）剥离　　（b）拧成一股　　（c）镀锡

图 2-20　多股导线线头处理

镀锡方法有两种（图 2-21）：①直接用电烙铁给铜丝加热，再送焊锡丝镀锡，此法适用于较细的铜线。②先在烙铁头上挂锡，再用电烙铁将线头按在松香上加热镀锡，此法适用于较粗的铜线。

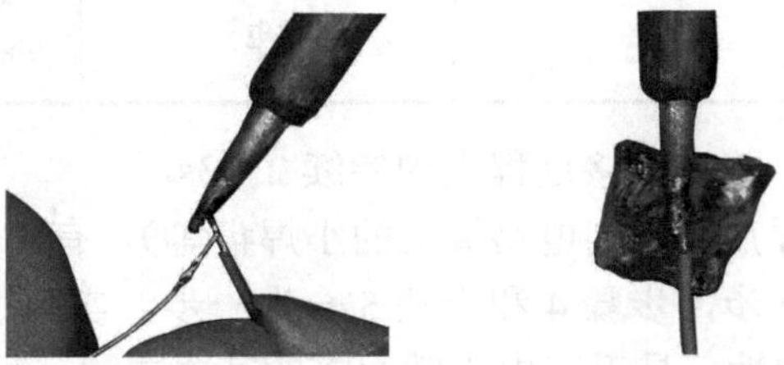

（a）直接用焊锡丝　　（b）借助松香

图 2-21　多股导线两种镀锡方法

5. 焊接五步法

焊接五步法是常用的基本焊接方法，适用于焊接热容量大的工件。焊接五步法包括准备施焊、加热焊件、填充焊料、移开焊锡丝和移开电烙铁五个步骤（表 2-13）。

表 2-13　焊接五步法

序号	要点	内容	图示	注意事项
1	准备施焊	准备好焊锡丝和电烙铁，将电烙铁加热到工作温度，一手拿电烙铁，一手拿焊锡丝	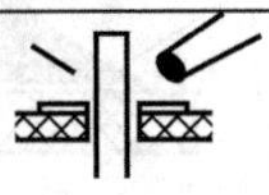 准备	烙铁头要保持干净且能够沾上焊锡（俗称吃锡）
2	加热焊件	将烙铁头放在焊点，使焊点升温	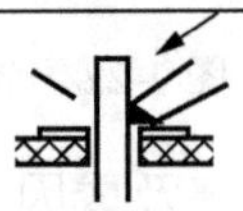 加热	① 保持电烙铁均匀加热焊件各部分，使元器件引线和焊盘均匀受热。② 若烙铁头上带有少量焊料，则可使烙铁头上的热量较快地传到焊点上

续表

序号	要点	内容	图示	注意事项
3	填充焊料	当焊件加热到能够熔化焊料的温度时，将焊锡丝置于焊点，焊料开始熔化并浸润焊点	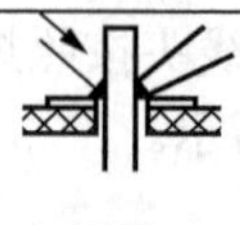 送锡	焊锡丝应从烙铁头的对称侧加入，而不是直接加在烙铁头上
4	移开焊锡丝	在熔化一定量的焊锡后，迅速将焊锡丝移开	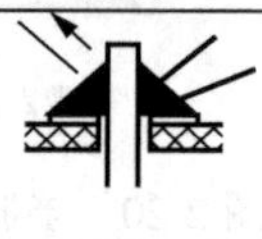 撤锡	焊锡量要适中，既不能太少，也不能太多
5	移开电烙铁	在焊锡完全浸润焊点后，迅速移开电烙铁	 撤电烙铁	① 移开电烙铁的方向应大致是45°方向。 ② 在焊料接近饱满、尚未完全挥发时快速使烙铁头离开焊点，以保证焊点光亮、平滑、无毛刺

对于一般焊点而言，整个焊接过程大约持续2～3s。

对于热容量较小的焊点（印制电路板上的小焊盘等），有时采用“三步法”，即将上述步骤2和步骤3合为一步，步骤4和步骤5合为一步。实际上，细微区分还是五步，因此“五步法”具有普遍性，是手工电烙铁焊接的基本方法。焊接各步骤之间的停留时间对保证焊接质量至关重要，只有通过实践才能逐步掌握。

6. 焊接质量的检查

焊接时，元器件的引脚和印制电路板上的焊盘要形成良好的浸润。焊点形状内凹、表面光滑圆润，大小刚好铺满焊盘，爬锡高度在基板面上起约1.5mm处。合格焊点示意图如图2-22所示。

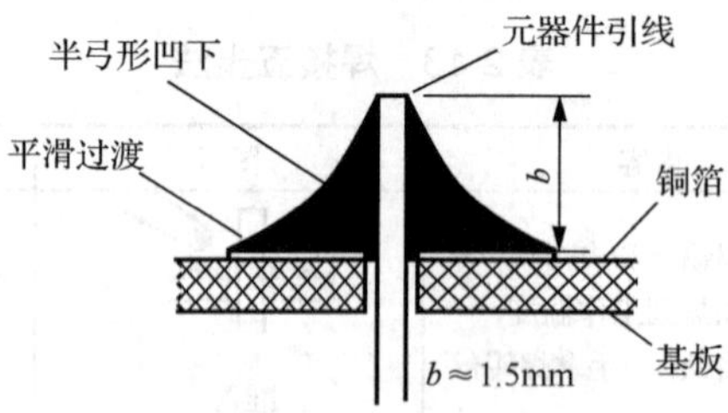

图2-22 合格焊点示意图

常见不合格焊点的外观、危害及成因见表2-14。

表 2-14　不合格焊点的外观、危害及成因

焊点	外观	危害	成因
焊料过多	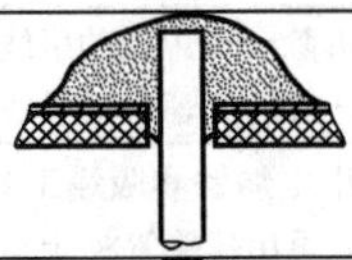	浪费焊料且包藏缺陷	焊锡撤离过迟
焊料过少	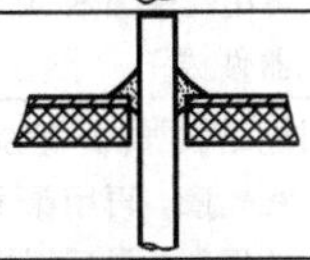	机械强度不够	焊锡撤离过早
虚焊	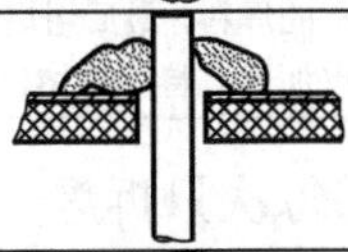	接触不良	① 焊接表面未预先清洁好。 ② 加热温度过低或过高。 ③ 焊锡未凝固时振动了印制电路板
拉尖	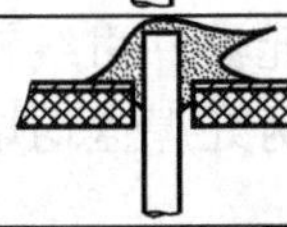	① 焊点外观不美观。 ② 容易造成桥接现象	① 加热温度过低。 ② 焊接时间过长导致助焊剂不足
桥接	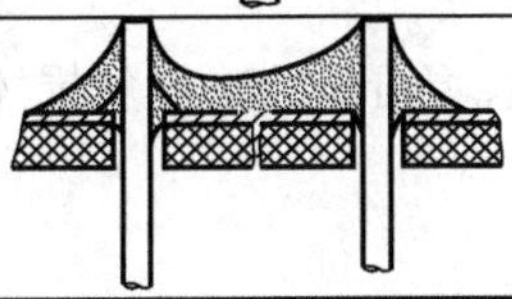	可能导致电路短路	① 焊锡用量过多。 ② 烙铁撤离角度不当

7. 拆焊

在装配与检修过程中，有时需要将已经焊接的连线或元器件拆除，这个过程称为拆焊。在实际操作上，拆焊比焊接难度更大，因此更需要使用恰当的方法和必要的工具，只有这样才不会损坏元器件或破坏原焊点。

1）一般焊点的拆焊

对于钩焊、搭焊和插焊的一般焊点，拆焊较为简单，只需用电烙铁对焊点加热熔化焊锡，然后用镊子或尖嘴钳拆下元器件引线即可。对于网焊，由于在焊点上连线缠绕牢固，拆焊较为困难，往往容易烫坏元器件或导线绝缘层。在拆除网焊的焊点时，一般可在离焊点约 10mm 处将欲拆卸元器件引线剪断，然后再与新的元器件焊接。

2）印制电路板上焊接元器件的拆焊

对印制电路板上的焊接元器件进行拆焊操作，动作要快，对焊盘加热时间要短，否则将烫坏元器件或导致印制电路板铜箔起泡剥离。根据被拆除对象的不同，常用的拆焊方法分为分点拆焊法、集中拆焊法和间断加热拆焊法三种。三种拆焊法的适宜范围及具体方法见表 2-15。

表 2-15　拆焊方法

拆焊方法	适宜范围	具体方法
分点拆焊法	印制电路板上的电阻器、电容器、普通电感器、普通导线等都只有两个焊点，可采用分点拆焊法	先拆除一端焊点的引线，再拆除另一端焊点的引线，并将元器件或导线取出
集中拆焊法	集成电路、中频变压器、多引线接插件等的焊点多而密，转换开关、晶体管及立式元器件等的焊点距离很近。对上述元器件可采用集中拆焊法	先用电烙铁和吸锡工具将焊点上的焊锡逐个吸掉，再用排锡管将元器件引线与焊盘分离，最后将元器件拔下
间断加热拆焊法	有塑料骨架的元器件，如中频变压器、线圈、行输出变压器等，它们的骨架不耐高温且引线多而密，宜采用间断加热拆焊法	先用电烙铁加热，吸掉焊点上的焊锡，露出元器件引线轮廓，再用镊子或捅针挑开焊盘与引线间残留的焊料，最后用烙铁头对引线未挑开的个别焊点加热，待焊锡熔化时趁热拔下元器件

拆焊两只引脚的色环电阻器有两种简单的方法：①每次只拆焊一只引脚，一边用电烙铁加热待拆电阻器的焊点，一边用镊子或尖嘴钳夹住元器件引线轻轻拉出。②两只引脚同时拆焊，用电烙铁给两只引脚的焊盘轮流加热，待两处焊盘均熔化后，用镊子或尖嘴钳将电阻器整个拔出。

在拆焊过程中一定要胆大心细，切不可用力过猛、急于求成，以免损坏元器件或焊盘。

七、贴片电阻器手工焊接方法

贴片电阻器手工焊接分为以下三个步骤。

1. 点锡

在每个元器件的一只焊盘上点上一层薄锡（锡刚好平铺焊盘），一般点在每个元器件右边或上边的焊点上。

2. 定位

将贴片电阻器摆正（字符面朝上，标识读数从左往右或从上往下），用镊子平稳夹住贴片电阻器中间部分，并将待焊端对齐点锡焊盘，同时用电烙铁加热点锡焊盘，待锡熔化后将贴片电阻器平推到点锡焊盘上固定，如图 2-23 所示。注意观察，使贴片电阻器整体居于两焊盘中央位置，贴片电阻器平贴板面，不可出现底部架空、偏移、错位等现象。

图 2-23　贴片电阻器焊接示意图

3. 焊接

对贴片电阻器未焊接的一端进行点焊，并检查固定焊接端的焊点是否符合要求，如果不符合要求，则做补焊处理。

贴片元器件焊点要求：焊点光滑无毛刺、略呈弧状，焊锡高度应当超过焊端高度的2/3，但不应超过焊端高度。贴片元器件焊点示意图，如图 2-24 所示。

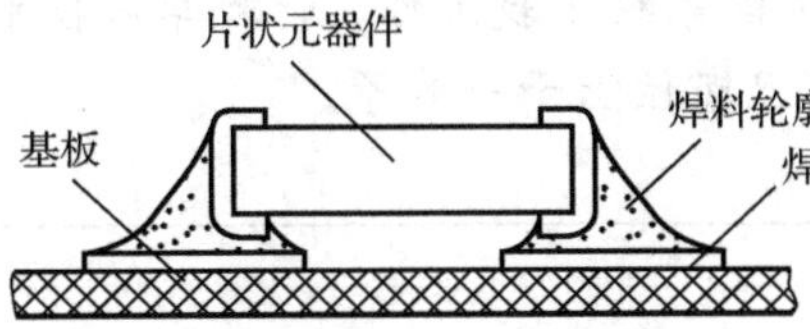

图 2-24　贴片元器件焊点示意图

手套背后的初心和责任

2002 年 10 月，徐俊昌进入浙江省杭州市拱墅区市容环卫汽车修理厂从事电焊工作，他先后获得杭州市优秀美容师、拱墅区劳动模范、杭州市劳动模范、全国五一劳动奖章等荣誉称号。20 年来，徐俊昌不怕苦不怕累，始终扎根环卫第一线，将自己的青春和热血全部贡献给环卫事业。2020 年 11 月，徐俊昌获评全国劳动模范。

常言道“一勤天下无难事”。徐俊昌干活不怕苦不怕累，加之他爱琢磨，因此其焊接技术愈发精湛。每当遇到棘手问题时，大家首先想到的人就是他，对此他也从不推脱，总是遇难破难。随着维修次数的增多，他对焊接有了自己的心得，并创新改进了“烧电焊”工作法，不仅大幅减少了作业时间和耗材用量，这套方法还被评为“杭州市城管系统优秀工作法”。

2015 年夏天，杭州一处倒粪码头受损。该码头每天要处理杭城 200 余吨粪便，若不及时修复，则将影响居民生活，更要命的是原厂家早已联系不上。徐俊昌得知后立刻赶到现场察看，尽管他戴着防毒面具，但是浓烈的臭味仍令人闻之作呕。徐俊昌全然不顾，聚精会神地逐一排查，最终查明原因。由于配件无法购买，他只能亲自动手制作器材，经过三天抢修，码头终于恢复作业，节省了 100 多万元设备更换费用。此时，单位上下如释重负，徐俊昌却因连日劳累病倒了，有同事私下劝他别这么拼，他只是笑笑说：“我是党员，关键时刻我不上谁上!”

每年的防汛抗台、防雪抗冻保障工作都有徐俊昌的身影。2020 年疫情期间，他带头报名参加单位组建的“党员清道夫”先锋队，上门收运拱墅区居家隔离点的生活垃圾（医疗垃圾）。从 2 月 1 日到 3 月 31 日，徐俊昌和 6 位队友共上门收集垃圾 5138 户次，清运垃圾 15 吨。

徐俊昌回忆道：“最高峰时，辖区内有 200 多户居家隔离，但我们仍以“日产日清”标准进行收运。”各隔离点分散在不同小区的不同单元和楼层，有些老旧小区没有电梯，身穿防护服的徐俊昌跑上跑下，很快衣服就被汗水浸透。装满垃圾的垃圾桶每桶重 100 多斤，徐俊昌和队友们一趟趟地将其搬上车运到垃圾集置点，最多一天运了 30 多桶垃圾，磨破 3 双手套。“有时还会遇到垃圾袋没扎紧、垃圾撒在地上的情况，需要我们重新装袋，真挺危险的。”徐俊昌感慨道，“幸运的是，大家都平安地挺过来了。”

不善言辞的他说道：“是国家给了我工作，让我学习技术，还给了我这么多荣誉。只要国家需要，我就会在环卫岗位上干一辈子。”

（资料来源：根据网络资料整理）

项目三　常用电子元器件的识别与检测

项目初识

用于制造或组装电子整机的基本零件称为电子元器件。电子元器件是电子电路中的基本元素，通常独立封装并具有两个或两个以上的引脚或金属接点。电子元器件须相互连接以构成一个具有特定功能的电子电路。例如，放大器、无线电接收机、振荡器等。

本项目主要介绍电子产品中常用的电阻器、电容器、电感器、二极管、三极管和集成电路。

项目目标

1. 掌握常用电子元器件的符号、作用、分类及参数。
2. 掌握常用电子元器件的识别方法。
3. 能用数字万用表检测常用电子元器件。

任务一　电阻器的识别与检测

一、任务描述

电阻器是电路中应用最广泛的一种元器件，在电子设备中约占电子元器件总数的30%。电阻器在电路中主要用来调节和稳定电流与电压。本任务主要完成色环电阻器的识别及检测。

二、任务准备

工具准备：数字万用表。
材料准备：色环电阻器若干。

三、任务实施

1. 色环电阻器识别练习

根据色环电阻器示意图识别色环电阻器，填写色环电阻器识别记录表（表3-1）。

表 3-1　色环电阻器识别记录表

序号	色环电阻器示意图	色环颜色	标称阻值	允许误差
1				
2				
3	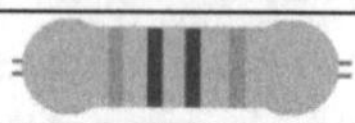			
4				
5				
6	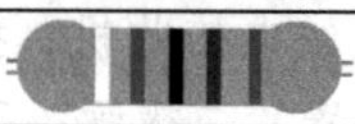			

2. 四色环电阻器与五色环电阻器识别与检测练习

（1）每人分 6 只色环电阻器（2 只四色环电阻器，4 只五色环电阻器），识读其标称阻值及允许误差，按照阻值从小到大排序，并将识别结果填入色环电阻器识别与检测练习表（表 3-2）中。

（2）使用数字万用表测量 6 只色环电阻器的阻值，将测量结果填入色环电阻器识别与检测练习表（表 3-2）。

（3）根据色环电阻器阻值大小排序，将色环电阻器固定在表格对应栏。

表 3-2　色环电阻器识别与检测练习表

电阻器	色环颜色	识别结果		数字表测量	
		标称阻值	允许误差	挡位	测量值

四、任务评价

根据任务完成质量，填写色环电阻器识别与检测评价表（表 3-3）。

表 3-3　色环电阻器识别与检测评价表

评价内容	配分	评分标准	评分
色环电阻器识别训练	50	按照要求完成色环电阻器的颜色、标称阻值和允许误差识别，并规范填写识别结果，错一处扣 3 分，扣完为止	
色环电阻器识别与检测练习	40	用数字万用表测量色环电阻器的阻值，并规范填写测量结果，30 分，错一处扣 3 分，扣完为止	
		按色环电阻器阻值从小到大排序并固定在表格对应栏，10 分，未按要求排序不得分	
安全文明操作	10	爱惜实训器材和设备，工具摆放整齐有序，工位整洁，不乱扔元器件，不符合要求每项扣 5 分，扣完为止	
总分	100		

任务二　电容器的识别与检测

一、任务描述

电容器是“装电的容器”，是一种容纳电荷的器件。电容器是电子设备中大量使用的电子元件之一，广泛应用于隔直、耦合、旁路、滤波、定时等电路中。本任务主要完成电容器参数的识别及检测。

二、任务准备

工具准备：数字万用表。

材料准备：电解电容器、瓷片电容器、贴片电容器等常见电容器若干。

三、任务实施

1. 电容器识别练习

根据照片识别电容器，填写电容器识别记录表（表 3-4）。

表 3-4　电容器识别记录表

序号	电容器	标注方法	标称容量	允许误差	耐压值
1				—	
2	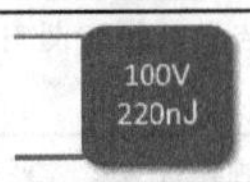				
3	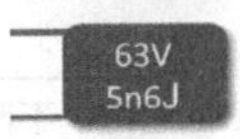				
4					

续表

序号	电容器	标注方法	标称容量	允许误差	耐压值
5					
6				—	—
7				—	
8					

2. 电容器检测练习

识别发放的电容器，并用数字万用表检测，填写电容器识别与检测练习表（表 3-5）。

表 3-5　电容器识别与检测练习表

序号	识别结果			数字表测量	
	容量	耐压	误差	挡位	容量
1					
2					
3					
4					
5					
6					

四、任务评价

根据任务完成质量，填写电容器识别与检测评价表（表 3-6）。

表 3-6　电容器识别与检测评价表

评价内容	配分	评分标准	评分
电容器识别练习	50	按照要求完成电容器识别，并规范填写识别结果，错一处扣 3 分，扣完为止	
电容器检测练习	40	用数字万用表测量电容器容量，并规范填写测量结果，错一处扣 4 分，扣完为止	
安全文明操作	10	爱惜实训器材和设备，工具摆放整齐有序，工位整洁，不乱扔元器件，不符合要求每项扣 5 分，扣完为止	
总分	100		

任务三　电感器的识别与检测

一、任务描述

电感器是将电能转换为磁能并储存的元件。电感线圈采用漆包线或纱包线一圈一圈地绕在绝缘管、磁心或铁心上，构成电感器。它具有通直流、阻交流、通低频、阻高频等特点，常用于滤波、陷波、调谐、振荡、延迟、补偿等电路中。本任务主要完成电感器参数的识别与检测。

二、任务准备

工具准备：数字万用表。
材料准备：电感器若干。

三、任务实施

识别发放的电感器，并用数字万用表检测，填写电感器识别与检测练习表（表 3-7）。

表 3-7　电感器识别与检测练习表

序号	标称电感量	直流电阻测量值	直流电阻测量挡位
1			
2			
3			
4			
5			

四、任务评价

根据任务完成质量，填写电感器识别与检测评价表（表 3-8）。

表 3-8　电感器识别与检测评价表

评价内容	配分	评分标准	评分
电感器标称电感量识别	50	按照要求完成电感器识别，并规范填写识别结果，错一处扣 10 分	
电感器直流电阻测量	40	按照要求完成电感器测量，并规范填写测量结果，错一处扣 4 分	
安全文明操作	10	爱惜实训器材和设备，工位整洁，工具摆放整齐有序，工具使用规范，不乱扔元器件，违反一项扣 5 分，扣完为止	
总分	100		

任务四　二极管的识别与检测

一、任务描述

导电能力介于导体和绝缘体之间的物质称为半导体。利用半导体独特的导电特性制造的各类半导体器件已在电子设备中得到广泛应用。常用的半导体器件主要包括二极管、三极管、晶闸管等。本任务主要完成二极管参数的识别及检测。

二、任务准备

工具准备：数字万用表。

材料准备：二极管若干。

三、任务实施

1. 二极管的外观识别

仔细观察二极管，识读元器件包中的二极管，填写二极管外观识别记录表（表 3-9）。

表 3-9　二极管外观识别记录表

序号	二极管型号（标识）	外形图（标出正负极）	种类
1			
2			
3			
4			

注：外形图必须包括外形平面图、外壳上极性标记、型号标识、引脚极性标记四个部分。

2. 二极管的检测练习

识读并用数字万用表检测元器件包中的二极管，填写二极管检测练习表（表 3-10）。

表 3-10　二极管检测练习表

序号	二极管型号（标识）	外形图（标出正负极）	正向压降	类型（硅/锗）
1				
2				
3				
4				

注：外形图必须包括外形平面图、外壳上极性标记、型号标识、引脚极性标记四个部分。

四、任务评价

根据任务完成质量，填写二极管外观识别评价表（表 3-11）和二极管检测评价表（表 3-12）。

表 3-11　二极管外观识别评价表

评价内容	配分	评分标准	评分
二极管外观识别	80	二极管型号标识记录完整、准确，共 20 分，每空 5 分	
		外形图清晰、规范，标识准确，共 40 分，每空 10 分，不符合要求每处扣 5 分	
		二极管种类判断正确，共 20 分，每空 5 分	
安全文明操作	20	爱惜实训设备，爱惜实训器材，工位整洁，不乱扔元器件，违反一项扣 5 分	
总分	100		

表 3-12　二极管检测评价表

评价内容	配分	评分标准	评分
二极管检测	80	二极管型号标识记录完整、准确，共 20 分，每空 5 分	
		外形图清晰、规范，标识准确，共 20 分，每空 5 分	
		二极管正向压降测量值准确，数据记录完整，共 20 分，每空 5 分	
		类型判断正确，共 20 分，每空 5 分	
安全文明操作	20	爱惜实训设备和器材，工位整洁，工具摆放整齐有序，工具使用规范，不乱扔元器件，违反一项扣 5 分，扣完为止	
总分	100		

任务五　三极管的识别与检测

一、任务描述

半导体三极管简称三极管，是电子电路的核心元器件，由两个相互联系、相互影响的 PN 结构成。三极管在电路中的两个主要功能是电流放大作用和开关作用。

（1）电流放大作用。三极管可将微弱信号放大成幅值较大的电信号，常用于扬声器、电视机、计算机声卡等放大电路中。

（2）开关作用。三极管可作为开关使用，此时控制三极管基极电压，可使其处于导通与断开两种状态，常用于自动控制电路、电动玩具电路等。

本任务主要完成三极管参数的识别及检测。

二、任务准备

工具准备：数字万用表。

材料准备：NPN 型三极管、PNP 型三极管若干。

三、任务实施

识别发放的三极管，按照要求测试并判断三极管的 E、B、C 引脚及管型，完成三极管识别与检测记录表（表 3-13）。

表 3-13　三极管识别与检测记录表

<table>
<tr><th colspan="2">外形图
（标出型号、引脚）</th><th>红表笔</th><th>黑表笔</th><th>压降</th><th colspan="2">外形图
（标出型号、引脚）</th><th>红表笔</th><th>黑表笔</th><th>压降</th></tr>
<tr><td colspan="2" rowspan="3"></td><td rowspan="2">1</td><td>2</td><td></td><td colspan="2" rowspan="3"></td><td rowspan="2">1</td><td>2</td><td></td></tr>
<tr><td>3</td><td></td><td>3</td><td></td></tr>
<tr><td rowspan="2">2</td><td>1</td><td></td><td rowspan="2">2</td><td>1</td><td></td></tr>
<tr><td rowspan="2">符号及
β值</td><td rowspan="2"></td><td>3</td><td></td><td rowspan="2">符号及
β值</td><td rowspan="2"></td><td>3</td><td></td></tr>
<tr><td rowspan="2">3</td><td>1</td><td></td><td rowspan="2">3</td><td>1</td><td></td></tr>
<tr><td>管型</td><td></td><td>2</td><td></td><td>管型</td><td></td><td>2</td><td></td></tr>
<tr><th colspan="2">外形图
（标出型号、引脚）</th><th>红表笔</th><th>黑表笔</th><th>压降</th><th colspan="2">外形图
（标出型号、引脚）</th><th>红表笔</th><th>黑表笔</th><th>压降</th></tr>
<tr><td colspan="2" rowspan="3"></td><td rowspan="2">1</td><td>2</td><td></td><td colspan="2" rowspan="3"></td><td rowspan="2">1</td><td>2</td><td></td></tr>
<tr><td>3</td><td></td><td>3</td><td></td></tr>
<tr><td rowspan="2">2</td><td>1</td><td></td><td rowspan="2">2</td><td>1</td><td></td></tr>
<tr><td rowspan="2">符号及
β值</td><td rowspan="2"></td><td>3</td><td></td><td rowspan="2">符号及
β值</td><td rowspan="2"></td><td>3</td><td></td></tr>
<tr><td rowspan="2">3</td><td>1</td><td></td><td rowspan="2">3</td><td>1</td><td></td></tr>
<tr><td>管型</td><td></td><td>2</td><td></td><td>管型</td><td></td><td>2</td><td></td></tr>
</table>

注：β 为三极管的放大系数。

四、任务评价

根据任务完成质量，填写三极管识别与检测评价表（表 3-14）。

表 3-14　三极管识别与检测评价表

评价内容	配分	评分标准	评分
三极管识别与检测训练	90	外形图每空 8 分，共 32 分。外形图要求图形标准，要素完整，型号及引脚标注正确，错一处扣 2 分	
		符号及β值每空 5 分，共 20 分，其中符号 3 分，β值 2 分。符号要求绘制规范，引脚标注正确	
		其余部分共 38 分，错一处扣 2 分，扣完为止	
安全文明操作	10	爱惜实训设备和器材，工位整洁，工具摆放整齐有序，工具使用规范，不乱扔元器件，违反一项扣 5 分，扣完为止	
总分	100		

任务六　集成电路的识别

一、任务描述

集成电路是一种微型电子器件或部件。它采用一定的工艺，将一个电路中所需的有源器件（半导体器件等）、无源元件（电阻器、电容器等）等元器件及它们之间的连接导线全部集成在一小块硅片上，然后将其封装在一个管壳内，成为具有所需电路功能的微型结构。

集成电路具有体积小、重量轻、功耗低、寿命长、可靠性高、性能好、成本低、便于大规模生产等优点。此外，用集成电路来装配电子设备，其装配密度可比晶体管提高几十倍甚至几千倍，设备稳定工作时间也可大大延长。它不仅在工业、民用电子设备（电视机、计算机等）中得到广泛应用，在军事、通信等领域也得到广泛应用。

本任务主要完成集成电路引脚的识别。

二、任务准备

材料准备：集成电路若干。

三、任务实施

识别给定的集成电路，填写集成电路识别记录表（表 3-15）。

表 3-15　集成电路识别记录表

序号	元器件型号	引脚排列图（含外观示意图、识别标记等）
1		

续表

序号	元器件型号	引脚排列图（含外观示意图、识别标记等）
2		
3		
4		

四、任务评价

根据任务完成质量，填写集成电路识别评价表（表 3-16）。

表 3-16　集成电路识别评价表

评价内容	配分	评分标准	评分
集成电路的识别训练	90	元器件型号错一处扣 2 分	
		引脚排列图每个 20 分，错一处扣 2 分	
安全文明操作	10	爱惜实训设备和器材，工位整洁，不乱扔无器件，违反一项扣 5 分	
总分	100		

知识探究

一、电阻器的识别与检测

1. 电阻器的主要参数

1）标称阻值

为了满足使用者的不同需求，生产厂家生产了各种阻值的电阻器。即便如此，也无法做到使用者想要什么样阻值的电阻器，就会有什么样的电阻器成品。为了便于生产和使用，国家统一规定了一系列阻值作为电阻器阻值的标准值，这一系列阻值叫作电阻器的标称阻值，也称标称系列值。常用的 E24 系列电阻器规定了基本系数，这些系数再乘以 10^n（n 为整数），即为某一具体电阻器的阻值（表 3-17）。

表 3-17　常用 E24 电阻器系列

阻值系列	电阻器标称值							
E24	1.0	1.1	1.2	1.3	1.5	1.6	1.8	2.0
	2.2	2.4	2.7	3.0	3.3	3.6	3.9	4.3
	4.7	5.1	5.6	6.2	6.8	7.5	8.2	9.1

2）允许误差

在实际生产中，加工出来的电阻器很难做到与标称阻值完全一致，即阻值具有一定的分散性。为了便于生产管理和使用，必须规定电阻器的精度等级，确定电阻器在不同精度等级下的允许误差（允许偏差）。电阻器的实际阻值与标称阻值之差除以标称阻值所得的百分数，即为电阻器的允许误差。常用电阻器的允许误差分为±5%（Ⅰ级）、±10%（Ⅱ级）、±20%（Ⅲ级），精密电阻器的允许误差小于±1%。需要说明的是，当电阻器的允许误差为±5%、±10%、±20%时，也可分别用字母 J、K、M 表示。

3）标称功率

标称功率是指在一定条件下，电阻器长期连续工作所允许消耗的最大功率。常用标称功率有 1/8 W、1/4 W、1/2W、1 W、2 W 等。

2. 色环电阻器的识别

色环电阻器是电子电路中常用的电子元件，用色环来表示电阻器的阻值和误差。色环电阻器各色环颜色的含义见表 3-18。

表 3-18　色环电阻器各色环颜色的含义

颜色	有效数字	倍乘数	允许误差	
黑	0	10^0		
棕	1	10^1	±1%	F
红	2	10^2	±2%	G
橙	3	10^3		
黄	4	10^4		
绿	5	10^5	±0.5%	D
蓝	6	10^6	±0.25%	C
紫	7	10^7	±0.1%	B
灰	8	10^8	±0.05%	A
白	9	10^9		
金		10^{-1}	±5%	J
银		10^{-2}	±10%	K
无			±20%	M

普通的色环电阻器用四色环表示，高精密的色环电阻器用五色环表示。

1）四色环电阻器

四色环电阻器各色环含义如图 3-1 所示。

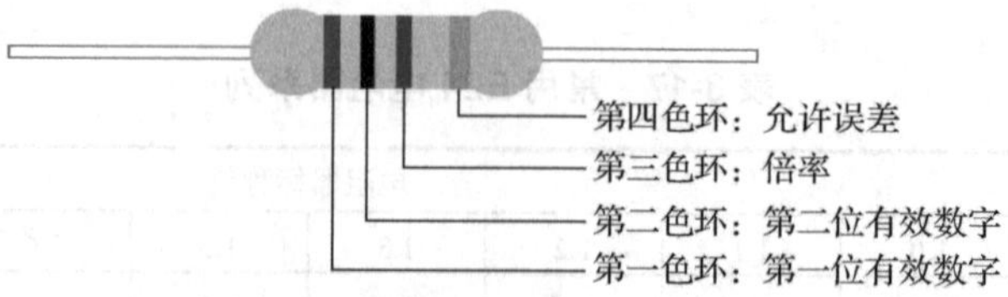

图 3-1　四色环电阻器各色环含义

四色环电阻器的标称阻值=第一、第二色环对应数字组成的两位数×第三色环表示的倍率

四色环电阻器的误差环一般为金色，表示允许误差为±5%。

2）五色环电阻器

五色环电阻器各色环的含义如图 3-2 所示。

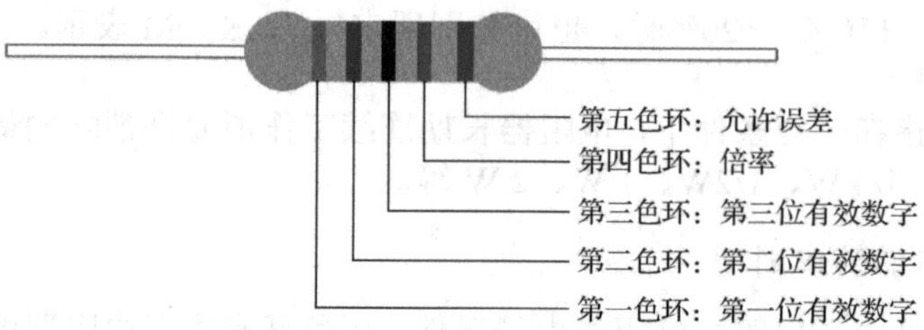

图 3-2　五色环电阻器各色环的含义

五色环电阻器的标称阻值=第一、第二、第三色环对应数字组成的三位数×第四色环表示的倍率

五色环电阻器的误差环一般为棕色，表示允许误差为±1%。

识别五色环电阻器第一色环和误差环的技巧如下：

（1）误差环距其他色环较远。

（2）误差环较宽。

（3）第一色环距端部较近。

（4）有效数字环无金色和银色。若从某端色环数起第一、第二色环有金色或银色，则另一端色环是第一色环。

（5）误差环无橙色和黄色。若某端色环是橙色或黄色，则其一定是第一色环。

（6）试读。一般成品电阻器的阻值不大于 22MΩ，若试读大于 22MΩ，则说明读反。

（7）试测。若用上述方法还不能识别，则可进行试测，但前提是电阻器必须完好。

应当注意的是，有些厂家并不严格按照第（1）～（3）条生产，以上各条应当综合考虑。

3. 色环电阻器的检测

用数字万用表检测电阻器的方法如下：

（1）选择表笔插孔。红表笔插入“V/Ω”插孔中，黑表笔插入“COM”插孔中。

（2）测量挡位及量程选择。转换开关旋至欧姆挡，量程应当略大于被测电阻值，若被测电阻值超过量程，则万用表欧姆挡显示“1”。

（3）测量。将万用表的两支表笔分别稳定接触被测电阻器的两端，等待读数稳定，如图 3-3 所示。

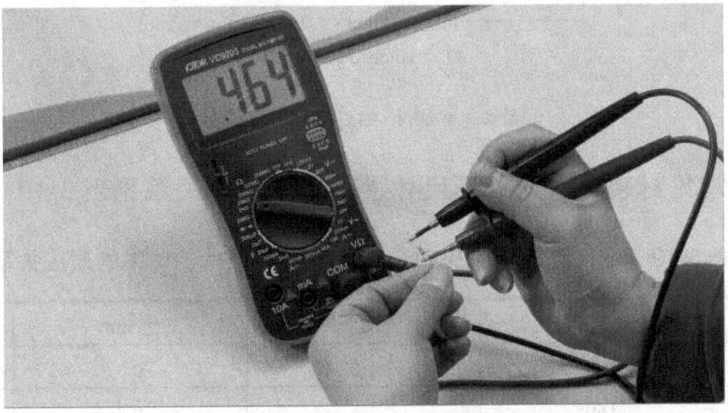

图 3-3　用数字万用表测量色环电阻器

（4）读数。直接读出显示屏上显示的数字，该数字即为被测电阻器的阻值。注意将万用表读数与电阻量程相结合来判断被测电阻值的单位。

（5）复位。将万用表选择开关置于“OFF”挡或交流电压最高挡。

注意：①手不能同时接触电阻器的两端。②不能带电测量被测电阻器。③若万用表显示屏上显示“1”（表示“溢出”），则表明量程选低了，可选一个高量程挡位重测；若万用表显示屏上显示“00.0”，则表明量程选高了，可选一个低量程挡位重测。

质量判断：若所测结果与该电阻器的标称阻值相近，则说明该电阻器正常；若两者相差太大，则说明该电阻器有质量问题。若无论用哪个量程挡位测量，万用表显示屏上都显示“1”，则表明该电阻器已开路。若数字大范围跳变，则说明该电阻器不可靠、不能再用。

4. 贴片电阻器

贴片元件体积小、自感系数小、安装容易（底板不需要打孔），因而被广泛采用。图 3-4 所示为贴片电阻器实物图。

图 3-4　贴片电阻器实物图

1）贴片电阻器封装

贴片电阻器封装尺寸通常用英制表示。例如，0805、0603 等，前两位数字表示贴片电阻器的长，后两位数字表示贴片电阻器的宽，如图 3-5 所示。

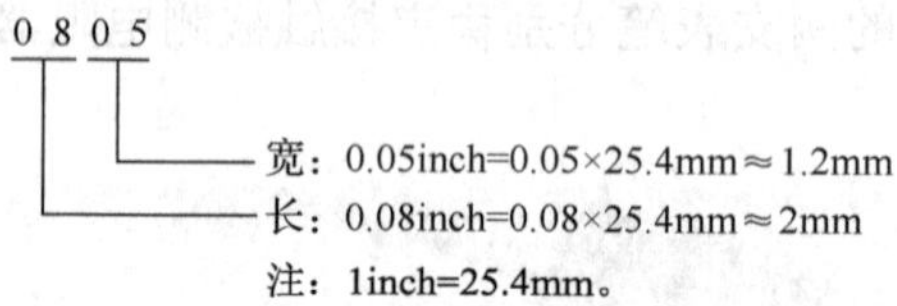

图 3-5　贴片电阻器封装尺寸

贴片电阻器常见封装尺寸与外形尺寸、功率的对应关系见表 3-19。

表 3-19　贴片电阻器常见封装尺寸与外形尺寸、功率的对应关系

封装尺寸（英制）	封装尺寸（公制）	长/mm	宽/mm	功率/W
0402	1005	1.0	0.5	1/16
0603	1608	1.6	0.8	1/10
0805	2012	2.0	1.2	1/8
1206	3216	3.2	1.6	1/4

目前应用广泛的贴片电阻器尺寸代码是 0805，并且有逐步向 0603 和 0402 发展的趋势。

2）贴片电阻器标称阻值与误差表示方法

贴片电阻器的标识符通常为黑底白字形式，个别为浅蓝色底黑字形式（精密电阻器）。一般根据误差精度采用三位数标注法或四位数标注法。

±5%精度贴片电阻器的标称阻值用三位数来表示，前两位数字是有效数字，第三位数字表示后接零的数目，基本单位是 Ω。如果阻值小于 100Ω，则用“R”表示小数点，识读时只需把“R”换成小数点即可。贴片电阻器三位数标注法举例见表 3-20。

表 3-20　贴片电阻器三位数标注法举例

数字代号	标称阻值	数字代号	标称阻值
1R1	1.1Ω	100	10Ω
R47	0.47Ω	111	110Ω
102	1.0kΩ	274	270kΩ
103	10kΩ	365	3.6MΩ

±1%精度贴片电阻器的标称阻值用四位数表示，前三位数字是有效数字，第四位数字表示后接零的数目，基本单位是Ω。例如，4531 表示 4530Ω，即 4.53kΩ；R047 表示 0.047Ω；8R20 表示 8.20Ω。

二、电容器的识别与检测

1. 电容器型号的命名方法

电容器的型号一般由四部分组成，如图 3-6 所示。

C D 1 1

第四部分：序号

第三部分：特征（箔式）

第二部分：材料（铝电解）

第一部分：主称（电容器）

图 3-6　电容器的型号

电容器型号各部分含义见表 3-21。

表 3-21　电容器型号各部分含义

第一部分		第二部分		第三部分					第四部分
主称		材料		特征					序号
符号	意义	符号	意义	符号	意义：瓷介电容器	云母电容器	有机介质电容器	电解电容器	
C	电容器	A	钽电解	1	圆形	非密封	非密封（金属箔）	箔式	尺寸、性能指标等
		B	非极性有机薄膜介质	2	管形（或圆柱）	非密封	非密封（金属化）	箔式	
		C	1 类陶瓷介质	3	迭片	密封	密封（金属箔）	烧结粉 非固体	
		D	铝电解	4	多层（独石）	独石	密封（金属化）	烧结粉 固体	
		E	其他材料电解	5	穿心		穿心		
		G	合金电解	6	支柱式		交流	交流	
		H	复合介质	7	交流	标准	片式	无极性	
		I	玻璃釉介质	8	高压	高压	高压		
		J	金属化纸介质	9			特殊	特殊	
		L	极性有机薄膜介质	G	高功率				
		N	铌电解	W	微调				
		O	玻璃膜介质						
		Q	漆膜介质						
		S	3 类陶瓷介质						
		T	2 类陶瓷介质						
		V	云母纸介质						
		Y	云母介质						
		Z	纸介质						

2. 电容器的分类

电容器一般分为固定电容器、可变电容器和微调电容器，其中以固定电容器最为常见。本任务主要认识常见的固定电容器。

1）按介质分类

常见的固定电容器按介质不同可分为瓷介电容器、涤纶电容器和铝电解电容器。

（1）瓷介电容器。瓷介电容器以陶瓷为介质，具有体积小、耐热性好、稳定性好的优点。图 3-7 所示为常见的瓷介电容器实物图。

图 3-7　常见的瓷介电容器实物图

（2）涤纶电容器。涤纶电容器以涤纶薄膜为介质，具有体积小、容量大、耐热性好、稳定性较好的优点。图 3-8 所示为常见的涤纶电容器实物图。

图 3-8　常见的涤纶电容器实物图

（3）铝电解电容器。铝电解电容器有正负极之分，用铝箔作正极，用电解质作负极。其特点是容量大、价格低，但其体积大、漏电流大、容量误差大，耐高温性较差，长时间存放容易失效。图 3-9 所示为常见的铝电解电容器实物图。

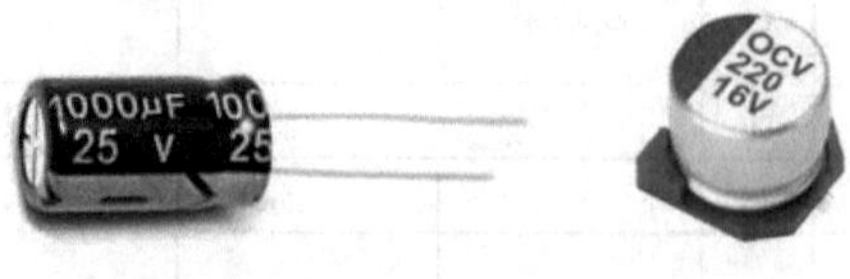

图 3-9　常见的铝电解电容器实物图

2）按极性分类

固定电容器按极性可分为有极性电容器和无极性电容器。

（1）有极性电容器。常见的有极性电容器是铝电解电容器。

（2）无极性电容器。常见的无极性电容器有瓷介电容器、涤纶电容器等。

3. 常见电容器主要参数

1）标称容量

电容器的标称容量通常是指电容器上标注的电容值。

电容器的基本单位是法拉，简称“法”，用字母“F”表示。在实际应用中很少用法拉表示电容量，通常使用较小的单位毫法（mF）、微法（μF）、纳法（nF）、皮法（pF），其相互间的换算关系如下：

1F=1000mF，1 mF =1000μF，1μF =1000nF，1nF=1000pF。

2）允许误差

允许误差是指电容器实际容量相对于标称容量的最大允许误差范围。常见电容器的精度等级表示方法与电阻器的精度等级表示方法相同。

普通电容器允许误差：±5%（Ⅰ，J），±10%（Ⅱ，K），±20%（Ⅲ，M）。

精密电容器允许误差：±0.5%（D），±1%（F），±2%（G）。

3）耐压值

在额定环境温度下可连续加载在电容器两端的最高直流电压有效值，称为电容器的耐压值。如果加载在电容器上的工作电压超过额定电压，电容器内部的绝缘介质就有可能被击穿，造成极片间严重漏电或短路，甚至爆炸。

电容器的耐压挡分为 6.3V、10V、16V、25V、35V、50V、63V、100V 等。

4. 识别电容器的标称容量和允许误差

常用的电容器标注方法有直标法、文字符号法和数码法三种。

1）识别直标法标注的电容器

直标法是指将电容器的参数直接标注在电容器上，易于识读。

例如，电容器上标有 CY-8、620pF、200V 字样，表示这一电容器是云母电容器，其标称容量是 620pF，耐压值是 200V。

对于标识上没有标注容量单位的瓷介电容器和涤纶电容器，可以根据有效数字大小来判断容量单位。当 9999≥有效数字≥1 时，容量单位为 pF，如 1.2、10、100、1000、3300、6800 等的容量单位均为 pF。当有效数字<1 时，容量单位为μF，如 0.1、0.22、0.47、0.01、0.022、0.047 等的容量单位均为μF。对于标识上没有标注容量单位的贴片铝电解电容器，其容量单位为μF。

2）识别文字符号法标注的电容器

文字符号法是指将阿拉伯数字和字母有规律地组合在一起标注在电容器上来表示电容器的容量。例如，“1p2”表示 1.2 pF；“1n”表示 1000 pF；“5n3”表示 5300pF；“2μ2”表示 2.2μF。

3）识别数码法标注的电容器

数码标注法一般用三位数表示电容器的容量，其单位为 pF。前两位数字为电容量的有效数字，第三位数字为倍乘数，但当第三位数字是 9 时，表示倍率为 0.1，即 10^{-1}。具体示例如下：

“101”表示 $10\times10^1 = 100\text{pF}$；

“102”表示 $10\times10^2 = 1000\text{pF}$；

“103”表示 $10\times10^3 = 0.01\mu\text{F}$；

“104”表示 $10\times10^4 = 0.1\mu\text{F}$；

“223”表示 $22\times10^3 = 0.022\mu\text{F}$；

“474”表示 $47\times10^4 = 0.47\mu\text{F}$；

“159”表示 $15\times10^{-1} = 1.5\text{pF}$。

5. 电解电容器的极性识别

电解电容器极性识别方法有以下三种（图 3-10）：

（1）电解电容器两个引脚长短不一样，长脚为正极，短脚为负极。

（2）电解电容器外壳标有“-”号的为负极。

（3）贴片电解电容器外壳标有“黑色半圆”的为负极。

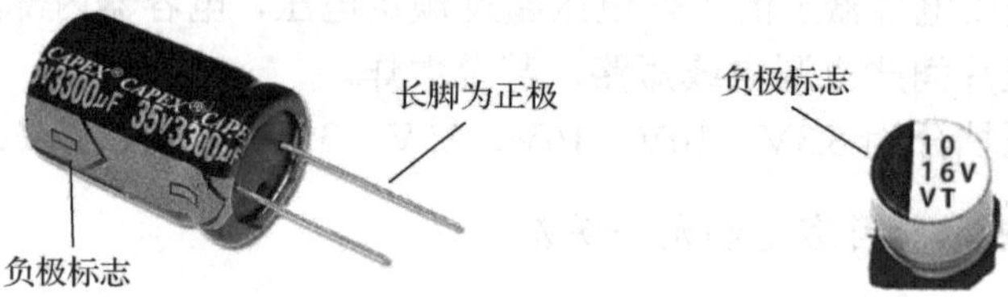

图 3-10　电解电容器极性识别方法

对于有极性的电解电容器，在使用时一定要注意区分其正负极，切不可接反，否则可能发生爆炸事故。图 3-11 所示为爆炸的电解电容器实物图。

图 3-11　爆炸的电解电容器实物图

6. 电容器的检测

数字万用表一般都有测试电容器容量的功能。测量方法具体如下。

（1）准备。使用过的电容器在测量前必须先放电。

（2）选挡。将万用表拨到电容挡位，选择量程应当略大于电容器标称容量。

（3）测量。将电容器引脚插入“Cx”插孔中，等待读数稳定，如图 3-12 所示。

图 3-12　数字万用表测试电容器容量

（4）读数。直接读出显示屏上显示的数字，该数字即为被测电容器的容量。注意将万用表读数与电容量程相结合来判断被测电容量的单位。

（5）复位。取下电容器，将万用表选择开关置于“OFF”挡或交流电压最高挡。

三、电感器的识别与检测

1. 电感器的分类

电感器按照电感形式分为固定电感器和可变电感器。

1）固定电感器

固定电感器具有固定的电感量，它包括单层线圈、多层线圈、蜂房式线圈及具有磁心的线圈等。图 3-13 所示为常用固定电感器实物图。

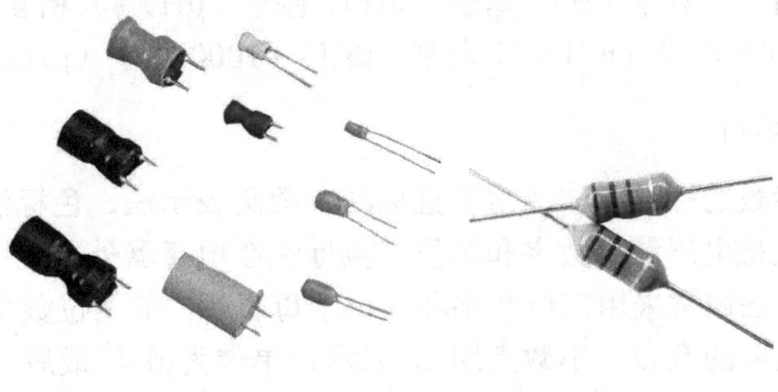

图 3-13　常用固定电感器实物图

2）可变电感器

可变电感器可以通过调整磁心或磁帽与线圈之间的距离改变线圈的电感量。图 3-14 所示为常用可变电感器实物图。

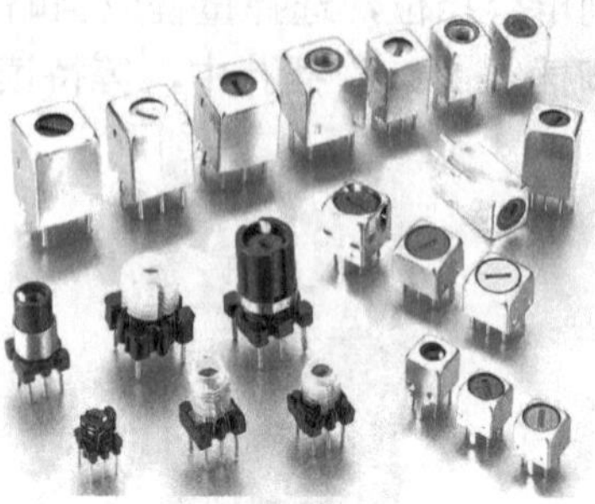

图 3-14　常用可变电感器实物图

2. 电感器的主要参数

电感器的主要参数有电感量、允许误差、品质因数及额定电流等。电感器主要参数的含义及用途见表 3-22。

表 3-22　电感器主要参数的含义及用途

参数名称	符号	含义	主要用途
电感量	L	反映电感线圈的固有特性，与线圈的匝数、结构有关，与外部电路参数无关	作为选择电感线圈的一个重要参数
允许误差		电感量允许在规定的误差范围内，分为 I 级（±5%），II 级（±10%），III级（±20%）	作为选择电感量的一个参考指标
品质因数	Q	电感线圈的储能与耗能之比	谐振回路中尽量选择品质因数大的电感线圈
额定电流	I_o	电感线圈在电路中正常使用时承受的最大电流	表示电感线圈在电路中安全性的重要参数

电感量的常用单位有亨（H）、毫亨（mH）、微亨（μH）。其相互间的换算关系如下：1 亨（H）=1000 毫亨（mH），1 毫亨（mH）=1000 微亨（μH）。

3. 电感器的识别

常用电感器参数的标注方法通常有直标法、数码表示法、色标法三种。

（1）直标法是将电感量用数字和单位直接标注在电感器外壳上。

（2）数码表示法通常采用三位数字和一位字母表示，前两位数字表示有效数字，第三位数字表示后接零的数目，小数点用 R 表示，单位为μH，最后一位英文字母表示误差范围。例如，“220K”表示 22μH±10%；“8R2J”表示 8.2μH±5%。

（3）色标法是将电感器参数用不同颜色的色环或色点标注在电感器表面。

图 3-15 所示为色环标注的电感器示意图。电感器各色环颜色的含义与色环电阻器各色环颜色的含义相同。

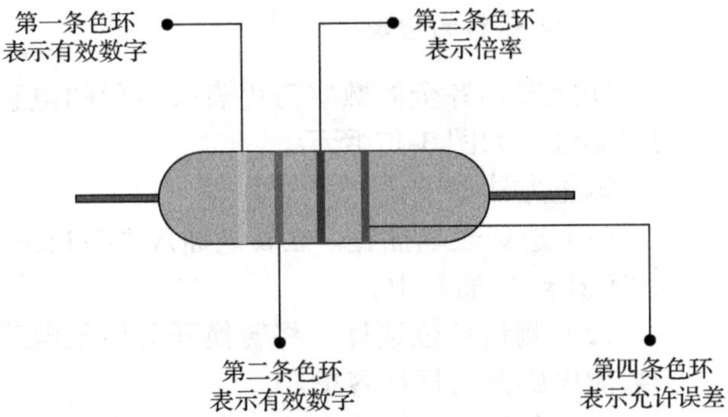

图 3-15　色环标注的电感器示意图

由图可知，第一条色环和第二条色环均表示有效数字，第三条色环表示倍率，第四条色环表示允许误差。

以图 3-16 所示的色环电感器为例，说明各色环颜色的含义。

（1）第一条色环为棕色，表示电感器标称值第一位有效数字为“1”。

（2）第二条色环为蓝色，表示电感器标称值第二位有效数字为“6”。

（3）第三条色环为金色，表示倍率为 10^{-1}。

（4）第四条色环为银色，表示允许误差为±10%。

由图可知，色环电感器上标识的色环颜色依次为棕、蓝、金、银，电感量为 16×10^{-1} μH±10%=1.6μH±10%。

注意：在识读电感器的电感量时，若未明确标注电感量单位，则均默认为 μH。

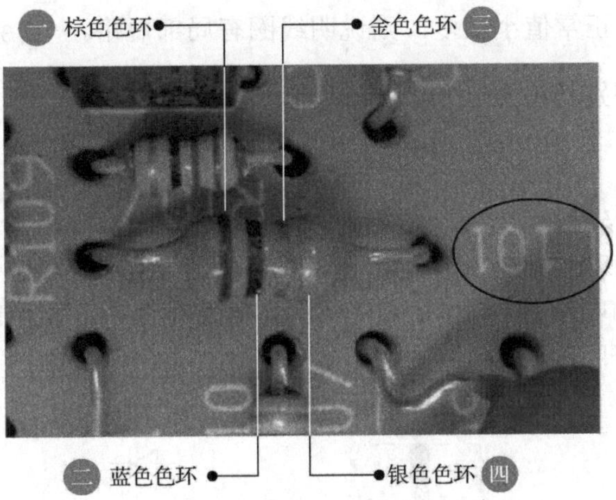

图 3-16　色环电感器参数的识读

图3-17　有电感测量挡位的数字万用表

4. 电感器的检测

功能较为齐全的数字万用表有专门的电感挡用于测试电感器的电感量，如图 3-17 所示。

测量方法如下：

（1）选择表笔插孔。红表笔插入“CxLx+”插孔中，黑表笔插入“CxLx−”插孔中。

（2）测量挡位选择。将转换开关旋至电感挡，量程应当略大于被测电感器的标称容量。

（3）测量。将万用表的两支表笔分别稳定接触被测电感器的两端，等待读数稳定。

（4）读数。直接读出显示屏上显示的数字，该数字即为被测电感器的电感量。注意将万用表读数与电感量程相结合来判断被测电感量的单位。

（5）复位。将万用表选择开关置于“OFF”挡或交流电压最高挡。

注意：测试电感时必须远离强磁场，确保测试精度。

若没有具有电感测试功能的万用表，则可用普通万用表的直流电阻挡测试电感器直流电阻值，如图 3-18 所示。电感器直流电阻值一般很小，匝数多、线径细的线圈能达几十欧，匝数少、线径粗的线圈接近 0Ω。若用万用表电阻挡测出的电感器直流电阻值为无穷大，则说明线圈或线圈与引出线之间已经开路损坏；若阻值比正常值小很多，则说明线圈有局部短路。

图 3-18　用万用表（无电感挡）检测电感器直流电阻

四、二极管的识别与检测

1. 认识二极管

1）二极管结构及符号

半导体二极管简称二极管，它是由一个 PN 结加上相应的电极引线及管壳封装而成的。二极管的结构和电路符号如图 3-19 所示，电路符号中三角形的箭头所指的方向即为正向电流的流动方向。

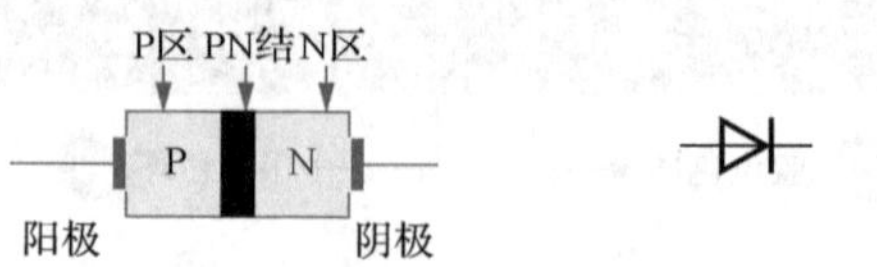

（a）结构　　（b）电路符号

图 3-19　二极管的结构和电路符号

2）二极管的分类

二极管按照材料分为硅二极管和锗二极管；按照外壳封装形式分为塑料封装二极管、金属封装二极管和玻璃封装二极管；按照功能分为整流二极管、开关二极管、检波二极管、稳压二极管、发光二极管、光电二极管和变容二极管。对各种不同类型的二极管，国内外都采用规定型号来区分。例如，“2CW53”（国产型号）表示硅稳压二极管；“1N4001”（国外型号）表示硅整流二极管。表 3-23 所示为按功能划分的二极管种类。

表 3-23 常见二极管种类及电路符号

二极管名称（种类）	电路符号	外形图	说明
整流二极管			常用于整流电路。常用型号有 1N4001～1N4007
开关二极管			常用于开关电路。常用型号有 1N4148、2AK 和 2DK 系列
检波二极管		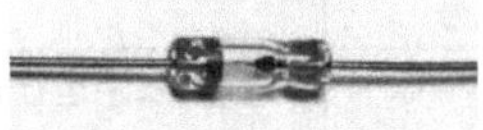	常用于检波电路。常用型号有 2AP 系列、1N34
稳压二极管	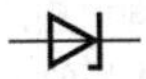		常用于稳压电路。常用型号有 BZX 系列、1N47 系列和 1N52 系列
发光二极管		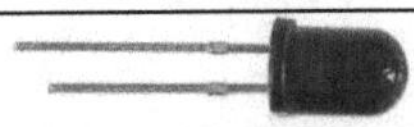	常用于指示电路
光电二极管		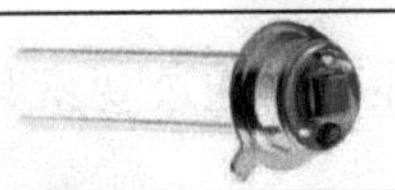	常用于控制报警电路
变容二极管	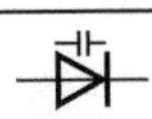		常用于高频调谐电路

二极管除上述直插式封装外，还有贴片式封装。贴片二极管实物图如图 3-20 所示。

图 3-20 贴片二极管实物图

3）二极管的主要特性

正向偏置：二极管的阳极电位比阴极电位高。

反向偏置：二极管的阳极电位比阴极电位低。

二极管的主要特性为单向导电性。当给二极管加正向偏置电压时，二极管导通；当给二极管加反向偏置电压时，二极管截止，如图 3-21 所示。

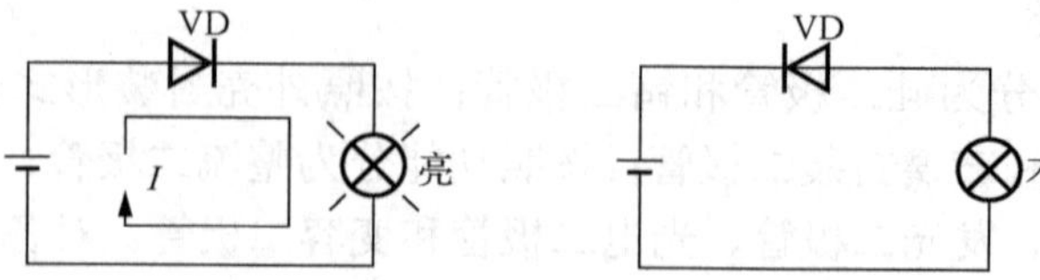

（a）正偏导通　　（b）反偏截止

图 3-21　二极管的偏置电路图

二极管正向导通时，其两端的管压降变化不大。例如，硅管的管压降在 0.6～0.8V 之间，锗管的管压降在 0.2～0.3V 之间。

4）二极管的主要参数

二极管的主要参数见表 3-24。

表 3-24　二极管主要参数表

参数名称	符号	电路符号说明
最大整流电流	I_F	二极管长期运行时允许通过的最大正向平均电流，其值与 PN 结面积及外部散热条件等有关
最高反向工作电压	U_R	二极管工作时允许外加的最大反向电压，超过此值，二极管有可能因反向击穿而损坏。通常规定其为击穿电压的 1/2

2. 二极管的引脚识别

多数二极管的正负极性可以通过观察其外壳上的标注判别，如图 3-22 所示。

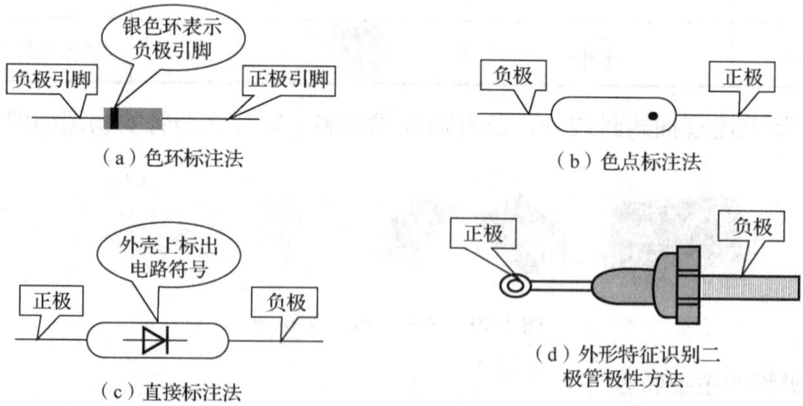

（a）色环标注法　　（b）色点标注法

（c）直接标注法　　（d）外形特征识别二极管极性方法

图 3-22　常见的二极管极性标注识别

发光二极管的引脚识别方法有以下几种（图 3-23）：

（1）根据引脚长短来识别极性：长脚为正极，短脚为负极。

（2）观察内部电极，较宽大的为负极，较窄小的为正极。

（3）有的发光二极管侧向有一小平面，靠近小平面的引脚为负极，另一个引脚为正极。贴片二极管有色带、色点或缺口的一端为负极，如图 3-24 所示。

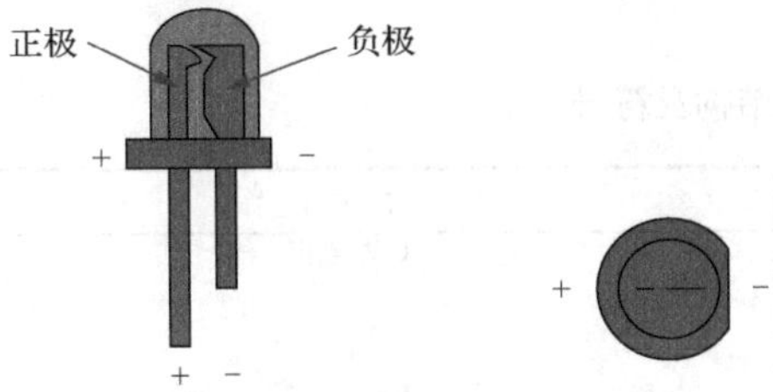

图 3-23　发光二极管极性识别

图 3-24　贴片二极管极性标注

3. 二极管的检测

将数字万用表的红表笔接二极管的一极，将黑（COM）表笔接二极管的另一极。在测得正向压降值小的情况下，红表笔（表内电池的正极）所接的是二极管的正极，黑表笔所接的是二极管的负极。数字万用表显示的是二极管的正向压降：硅二极管在 0.3～0.8V 之间，锗二极管在 0.15～0.3V 之间。对于功率大一些的二极管，其正向压降要小一些。若显示“000”或测量值小于 0.1V，则说明二极管已短路。对调表笔再次测量，若正反向测量均显示“1”（超量程），则说明二极管内部已开路，如图 3-25 所示。

对于发光二极管，正向测量时二极管会发光，管压降约为 1.7V。

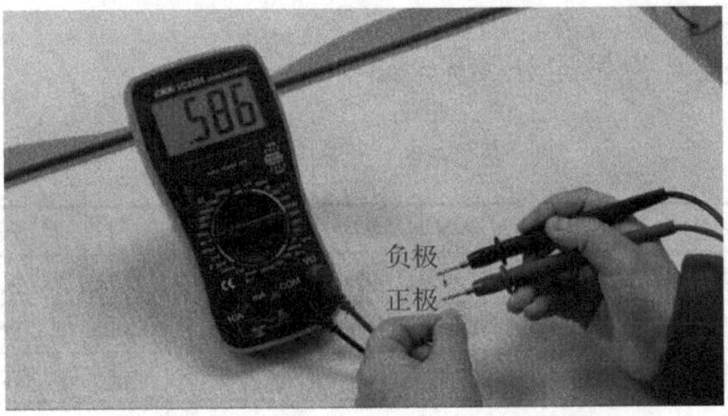

图 3-25　用数字万用表检测二极管

五、三极管的识别与检测

1. 认识三极管

1）三极管结构及符号

三极管内部结构由两个相距很近的 PN 结组成，这两个 PN 结将整个半导体分成三部分：发射区、基区和集电区。按排序方式，三极管分为 PNP 型和 NPN 型两种。由三个区各引出一个电极，分别称为发射极 E、基极 B、集电极 C。其中，发射极 E 与基极

B 之间的 PN 结称为发射结，集电极 C 与基极 B 之间的 PN 结称为集电结。

三极管两种管型电路符号的区别在于发射极箭头方向相反，箭头朝外的是 NPN 型，反之是 PNP 型。三极管结构及符号见表 3-25。

表 3-25　三极管结构及符号

项目	NPN 型	PNP 型
结构	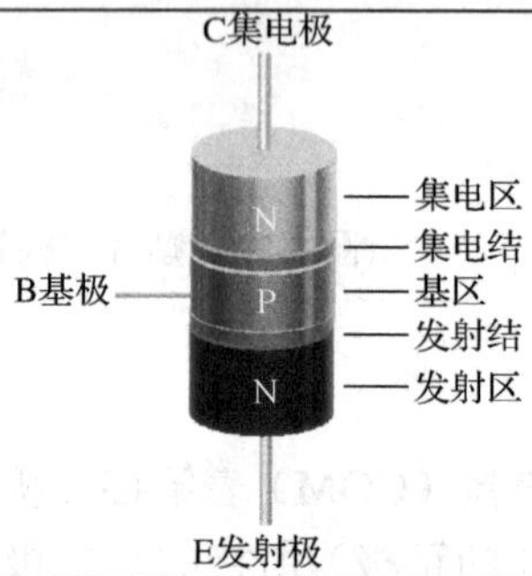	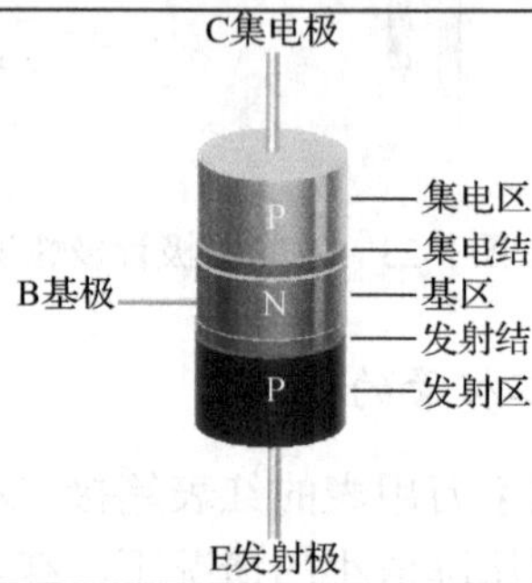
符号	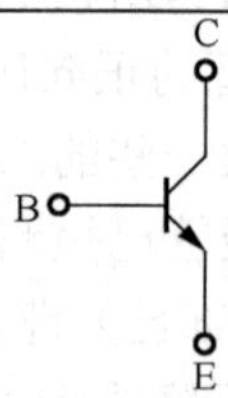	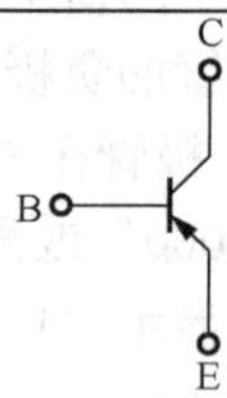

2）三极管的分类

三极管有较多种类，常见的分类见表 3-26。

表 3-26　三极管分类

分类依据	类型
材料	硅管、锗管
结构工艺	NPN 型、PNP 型
工作频率	低频管、高频管
功率	小功率管、中功率管、大功率管

几种常见三极管的应用特点及外形见表 3-27。

表 3-27　常见三极管的应用特点及外形

类型	应用特点	外形	类型	应用特点	外形
塑料封装小功率三极管	具有工作电流小、饱和压降低、功率余量较小等特点，常用于收音机、录音机、电视机等设备中		光敏三极管	一种将光信号转换成电信号的半导体器件，无光照射时处于截止状态。适用于光控玩具、光控灯等各种光控设备	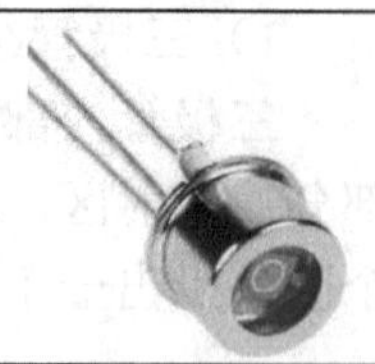

续表

类型	应用特点	外形	类型	应用特点	外形
塑料封装大功率三极管	具有工作电流大、饱和压降低、功率余量较大等特点，常用于功率放大电路、开关电路、稳压电路		开关三极管	具有体积小、开关速度快的特点，可用很小的电流控制大电流的通断。用于控制电路开启和关断	
金属封装大功率三极管	具有高功率、高可靠性、气密性好等特点，常用于军工、航天、航空及高可靠仪器设备上				

3）三极管的工作特性

（1）三极管有三个工作区域：截止区、饱和区和放大区，其分别对应三极管的三种工作状态：截止状态、饱和状态和放大状态。三极管的三种工作状态见表 3-28。

表 3-28　三极管的三种工作状态

项目	截止状态	放大状态	饱和状态
工作条件	发射结电压小于开启电压、集电结反向偏置	发射结正向偏置、集电结反向偏置	发射结与集电结均处于正向偏置
特性	C、E 极间相当于开关断开	具有电流放大特性	C、E 极间饱和压降接近 0V，相当于开关闭合

（2）三极管处于放大状态时，各极电流分配关系为

$$I_E = I_B + I_C$$

$$I_C = \beta \cdot I_B$$

式中，β 是三极管电流放大系数，通常中小功率管的 β 值在 20～500 之间，大功率管的 β 值相对小一些。

4）常用三极管的参数

常用三极管的主要参数见表 3-29，可为三极管的选用提供参考。

表 3-29　常用三极管的主要参数

序号	型号	V_{CEO}	I_{CM}	P_{CM}	f_T	封装	管子类型	引脚排列	常用场合
1	9011	50V	30mA	0.4W	150MHz	TO-92	NPN	EBC	
2	9012	50V	0.5A	0.625W		TO-92	PNP	EBC	
3	9013	50V	0.5A	0.625W		TO-92	NPN	EBC	低频放大
4	9014	50V	0.1A	0.4W	150MHz	TO-92	NPN	EBC	低噪放大
5	9015	50V	0.1A	0.4W	150MHz	TO-92	PNP	EBC	低噪放大
6	9018	30V	0.05A	0.4W	1000MHz	TO-92	NPN	EBC	高频放大

续表

序号	型号	V_{CEO}	I_{CM}	P_{CM}	f_T	封装	管子类型	引脚排列	常用场合
7	8050	40V	1.5A	1W		TO-92	NPN	EBC	高频放大
8	8550	40V	1.5A	1W		TO-92	PNP	EBC	开关
9	A1020	50V	2A	0.9W		TO-92	PNP	ECB	音频放大 开关
10	A1015	60V	0.1A	0.4W	150MHz	TO-92	PNP	ECB	
11	C1815	60V	0.15A	0.4W	150MHz	TO-92	NPN	ECB	
12	13001					TO-92	NPN	ECB	
13	TIP41C	100V	6A	65W		TO-220	NPN	BCE	
14	TIP42c	100V	6A	65W		TO-220	PNP	BCE	

注：V_{CEO}为集电极-发射极反向击穿电压；I_{CM}为集电极最大允许电流；f_T为特征频率；P_{CM}为集电极最大允许耗散功率。

2. 三极管的引脚排列

1）塑料封装三极管引脚排列

三极管型号有很多种，其引脚排列顺序也不相同。常见的有 90 系列（9011～9018）、8050、8550、A1015、C1815、C945 等。在判断引脚顺序时，需要将三极管有文字的一面正对自己，让引脚朝下。常用塑料封装三极管引脚排列如图 3-26 所示。

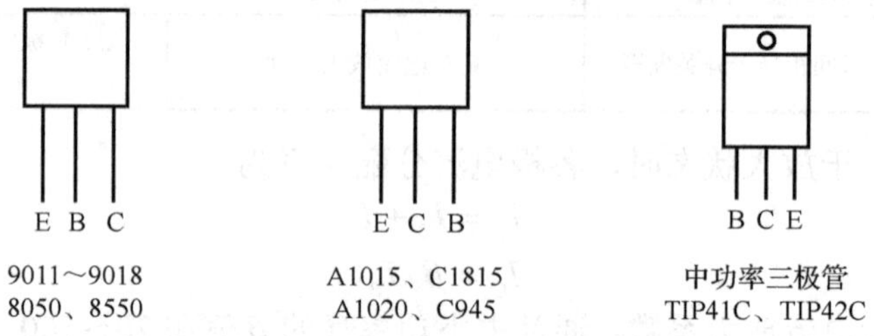

图 3-26 常用塑料封装三极管引脚排列

2）金属封装三极管引脚排列

对于大功率金属封装三极管，按图 3-27 所示将管底朝向自己，中心线上方左侧为基极 B，右侧为发射极 E，金属外壳为集电极 C。

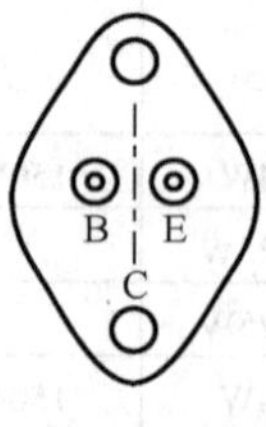

图 3-27 大功率金属封装三极管引脚排列

3. 三极管的检测

1）用数字万用表判别三极管引脚和管型

根据三极管的内部结构，可将其看作由两个二极管组合而成，如图 3-28 所示。NPN 管的基极是两个二极管正极的共同点，PNP 管的基极是两个二极管负极的共同点。利用这一点可以用数字万用表的二极管挡（图 3-29），按照测量二极管的方法进行测量，即可判断出三极管的基极和管型。

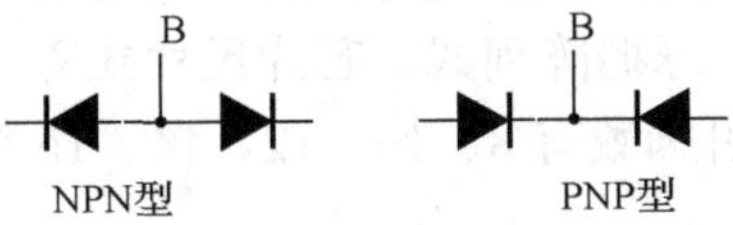

图 3-28　三极管结构简化图

图 3-29　数字万用表二极管挡

在实际测量时，每两个引脚之间都要测量正、反向压降，共测六次，其中有四次显示开路，只有两次显示压降值，否则三极管就是坏的或是特殊三极管（带阻三极管、达林顿三极管等，可以通过型号将其与普通三极管区分开来）。在两次有数值的测量中，公共端为三极管的基极 B。若红表笔接公共端，则三极管为 NPN 型；若黑表笔接公共端，则三极管为 PNP 型。在两组数据中，较大的一次，非基极引脚为发射极 E；较小的一次，非基极引脚为集电极 C。硅三极管的压降约为 0.6V，锗三极管的压降约为 0.2V。以三极管 9013 和三极管 9015 为例，其测试数据如图 3-30 所示。

外形	红表笔	黑表笔	电压/V
	1	2	1
		3	1
	2	1	0.703
		3	0.701
	3	1	1
		2	1

（a）三极管9013

外形	红表笔	黑表笔	电压/V
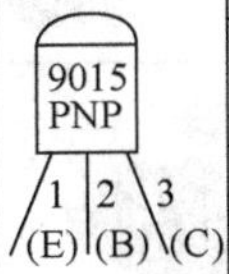	1	2	0.701
		3	1
	2	1	1
		3	1
	3	1	1
		2	0.695

（b）三极管9015

图 3-30　三极管测试举例

2）用数字万用表测量三极管电流放大系数β

将数字万用表拨到 hFE 挡位，将三极管各引脚正确插入万用表对应插孔，即可方便地测出三极管的电流放大倍数。

六、集成电路的识别

1. 认识集成电路

1）集成电路封装

集成电路不仅型号规格繁杂，而且封装形式多样。常见的封装材料有塑料、金属、陶瓷、玻璃等，现在基本采用塑料封装。按封装形式分，常见的类型有双列或单列直插式、双列表面安装、扁平封装、插针网格阵列式、球栅阵列式、芯片尺寸式等。若外形不同或内部电路不同，则引脚数也不同。常见的引脚数有 8、10、12、14、16 等多种。常见集成电路外观、特点及应用见表 3-30。

表 3-30　常见集成电路外观、特点及应用

封装	外形图	引脚数	特点及应用
单列直插式 SIP	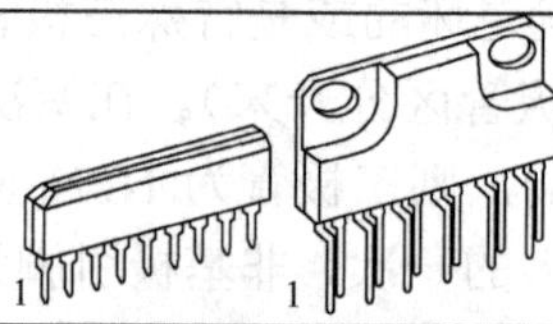	3，5，7，8，9，10，12，16	造价低，安装方便，主要用于射频、移动通信、数码产品等
双列直插式 DIP		8，14，16，20，22，24，28，40	塑料封装造价低，应用最广泛。陶瓷封装造价高，耐高温，用于高档产品
双列表面安装 SOP、SSOP		5，8，14，16，20，22，24，28	派生出 SOJ、TSOP、VSOP、SSOP、TSSOP 等封装，其体积小，用于微组装产品
扁平封装 QFP		32，44，64，80，120，144，168	引脚数多，用于大规模集成电路
插针网格阵列式 PGA	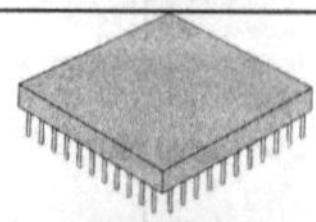	64-447	插拔方便，可靠性高。计算机 CPU 大多采用这种封装
球栅阵列式 BGA		>100	体积小，散热好，用于 CPU、主板芯片等
芯片尺寸式 CSP		24，28，32，44，52，68，84	尺寸小，可靠性高，用于可编程逻辑器件等逻辑电路

2）集成电路的分类

集成电路按不同标准可分为不同类型（表 3-31）。

表 3-31　集成电路的分类

分类依据	类型	
功能	模拟集成电路	
	数字集成电路	
制作工艺	半导体集成电路	
	膜集成电路	薄膜集成电路
		厚膜集成电路
	混合集成电路	
集成度	小规模集成电路	
	中规模集成电路	
	大规模集成电路	
	超大规模集成电路	
用途	集成运算放大电路	
	稳压集成电路	
	音响集成电路	
	电视集成电路	
	⋮	

3）集成电路使用注意事项

在选用集成电路时，应当根据实际情况查阅手册，选用功能符合要求的集成电路。在使用集成电路时，应当注意以下几点：①不能超过参数手册规定的参数值。集成电路在插装时要注意引脚序号方向，不能插错。②扁平型集成电路外引出线成形、焊接时，引脚要与印制电路板平行，不得穿引扭焊，不得从根部弯折。③集成电路焊接时，不得使用大于 45W 的电烙铁，每次施焊时间不得超过 10s。④集成电路引出线间距较小，在焊接时不得相互锡连，以免造成短路。

4）集成电路的主要参数

集成电路的主要参数有电源电压、耗散功率和工作环境温度等，如表 3-32 所示。

表 3-32　集成电路主要参数

主要参数	说明
电源电压	集成电路正常工作时所需的工作电压。通常模拟集成电路的电源电压用 V_{CC} 表示；数字集成电路的正电源电压用 V_{DD} 表示，负电源电压用 V_{EE} 表示
耗散功率	集成电路在标称电源电压及允许的工作环境温度范围内正常工作时所输出的最大功率
工作环境温度	集成电路能够正常工作的环境温度极限值或温度范围

2. 集成电路的引脚分布规律

1）直插式集成电路引脚分布

（1）圆脚标记。此种集成电路用圆柱形金属外壳封装，其引脚按圆周分布，如图 3-31 所示。

（2）弧形凹口标记。弧形凹口标记大多用于双列直插型集成电路。弧形凹口位于集成电路的一个端部，如图 3-32 所示。

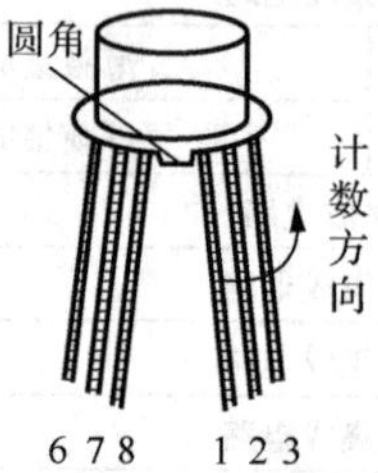

图 3-31　圆脚标记

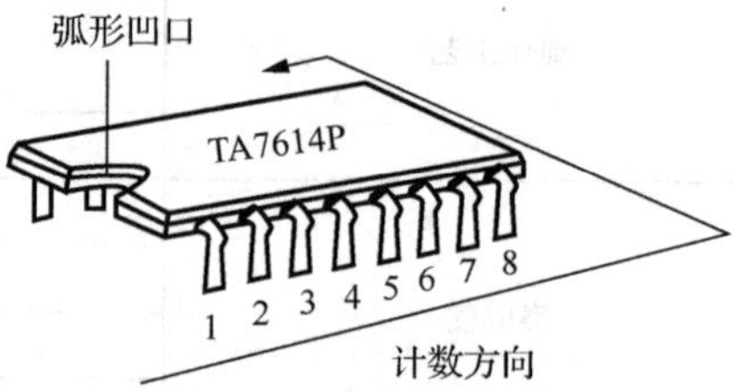

图 3-32　弧形凹口标记

（3）圆形凹坑、小圆圈、色条标记。双列直插型和单列直插型集成电路大多采用这种识别标记，如图 3-33 所示。

（4）斜切角标记。斜切角标记一般用于单列直插型集成电路，如图 3-34 所示。

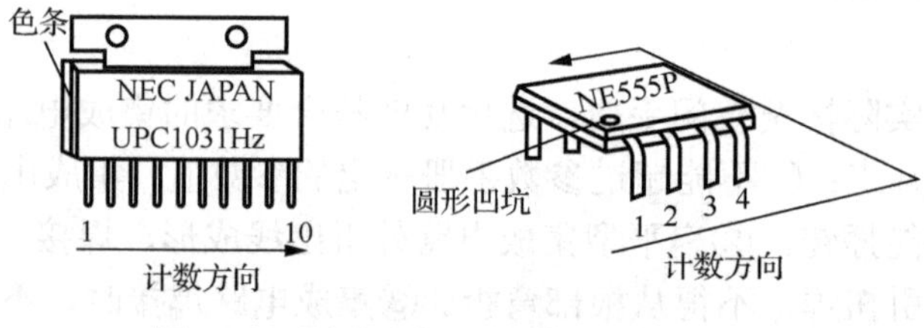

图 3-33　圆形凹坑、小圆圈、色条标记

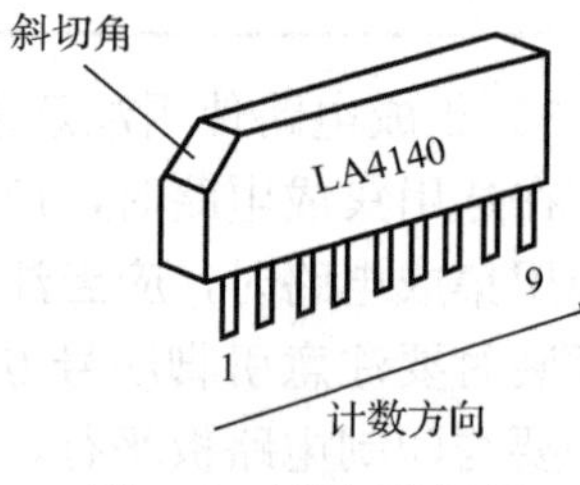

图 3-34　斜切角标记

（5）两种标记或无标记。有些集成电路同时使用两种识别标记，例如，“μPC1366”既有弧形凹口标记又有小圆圈标记，但两种标记对集成电路引脚排列顺序的识别效果是统一的，如图 3-35（a）所示。也有少数集成电路外壳上没有以上标记，只有该集成电路的型号，对于这种集成电路，其引脚识别方法如图 3-35（b）所示。

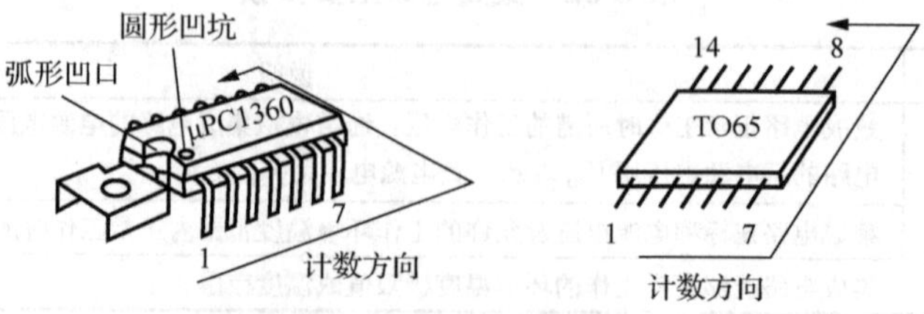

（a）两种标记　　（b）无标记

图 3-35　两种标记或无标记

2）贴片式集成电路引脚分布

对于贴片式集成电路，虽然其体积小，但是都有标记起始点，从标记点依次排序即可，如图 3-36 所示。

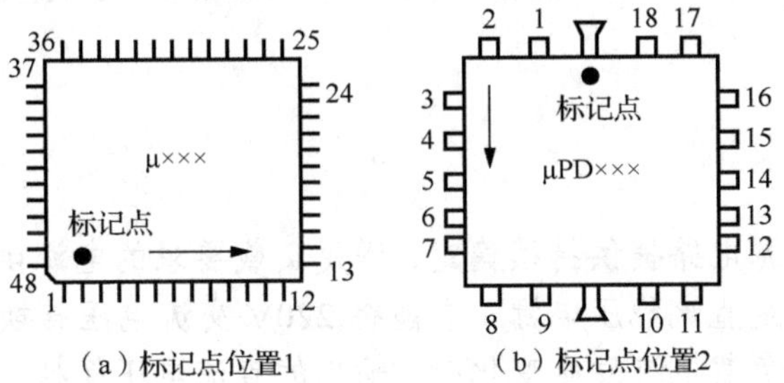

图 3-36　贴片式集成电路引脚标识

3. 集成电路的检测

1）检测电阻判别法

可用万用表电阻挡检测引脚与接地端的电阻值，并将其与标准值进行比较，若电阻值不符合要求，则说明集成电路有故障。

2）电压测量判断法

对于怀疑有故障的集成电路，先测量其引脚电压，再将测量结果与已知值或经验数据进行比较，进而判断出故障范围。

3）信号检查法

利用示波器及信号源检查电路各级的输入信号和输出信号。对于数字集成电路，主要通过信号查清它们的逻辑关系。对于集成运算放大器来说，需要弄清其放大特性。可疑级一般发生在正常信号电压与不正常信号电压的两测试点之间的那一级。

4）替代试验

对于怀疑有故障的集成电路，判断其是否存在故障的最快方法是采用完好的同型号集成电路进行替代试验。

项目四　串联负反馈稳压电源的搭建与测试

项目初识

电子设备要求电源电路提供持续稳定、满足负载要求的电源供给，能够提供这种稳定直流电源的装置就是直流稳压电源。它能将220V交流电压转换成稳定的直流电压，当输入的交流电压或负载电流发生变化时，输出的直流电压保持不变。稳压电源广泛用于各种小型电子设备，几乎每个家庭都会用到，如手机充电器、无线路由器电源等。图4-1所示为常用稳压电源实物图。

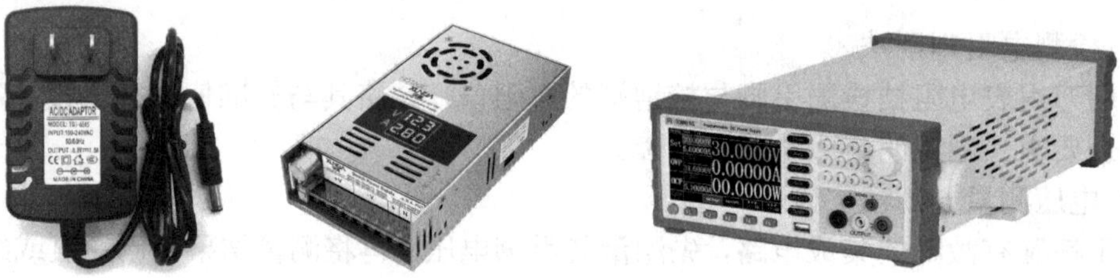

图4-1　常用稳压电源实物图

项目目标

1. 了解串联负反馈稳压电源的工作原理。
2. 掌握串联负反馈稳压电源的安装工艺要求。
3. 掌握串联负反馈稳压电源的测试方法。

任务一　串联负反馈稳压电源的搭建

一、任务描述

识读串联负反馈稳压电源电路图，识别和检测相关元器件，按工艺要求搭建电路。

二、任务准备

工具准备：电烙铁、镊子、斜口钳、3mm一字螺丝刀、3mm十字螺丝刀、6mm十字螺丝刀、数字万用表。

材料准备：电路所需元器件、万能板、焊锡丝。

三、任务实施

1. 电路图识读

对照图 4-2 所示的串联负反馈稳压电源电路图，结合“知识探究”部分的相关知识，分析串联负反馈稳压电源电路的组成、工作原理及各部分元器件的作用。

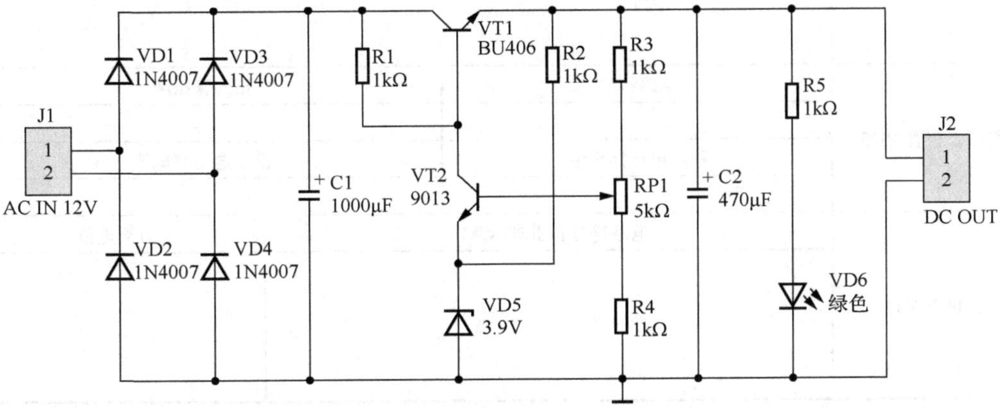

图 4-2　串联负反馈稳压电源电路图

2. 元器件识别与检测

根据串联负反馈稳压电源器材清单（表 4-1）清点元器件数量，目测元器件及万能板有无缺陷，也可用万用表对元器件进行测量。确认正常后在“清点结果”栏打“√”，并填写串联负反馈稳压电源元器件识别与检测记录表（表 4-2）。

表 4-1　串联负反馈稳压电源器材清单

序号	元器件名称	规格	元器件编号	数量	清点结果
1	色环电阻器	1 kΩ、1/4W	R1～R5	5	
2	可调电阻器	3296W-502（5kΩ）	RP1	1	
3	电解电容器	1000μF、25V	C1	1	
4	电解电容器	470μF、25V	C2	1	
5	整流二极管	DO-41-1N4007	VD1～VD4	4	
6	稳压二极管	DO-35-3.9V、1/2W	VD5	1	
7	发光二极管	5mm、绿色	VD6	1	
8	三极管	TO-220-BU406	VT1	1	
9	三极管	TO-92-9013	VT2	1	
10	接线端子	KF301-2P 5.0	J1、J2	2	
11	散热片	H 型、21mm×15mm×10mm、三极管 TO-220 封装散热器、配螺钉		1	
12	万能板	万能板 7cm×9cm	块	1	

表 4-2 串联负反馈稳压电源元器件识别与检测记录表

<table>
<tr><td>元器件名称</td><td colspan="2">识别及检测内容</td></tr>
<tr><td rowspan="2">可调电阻 RP1</td><td colspan="2">电路符号和引脚示意图</td></tr>
<tr><td colspan="2"></td></tr>
<tr><td rowspan="4">稳压二极管 VD5</td><td>电路符号</td><td>正向管压降</td></tr>
<tr><td></td><td></td></tr>
<tr><td>稳压电压标称值</td><td>稳压电压测试值</td></tr>
<tr><td></td><td></td></tr>
<tr><td rowspan="2">三极管 VT1</td><td>电路符号和引脚示意图</td><td>β测量值</td></tr>
<tr><td></td><td></td></tr>
</table>

3. 电路布局设计

对照电路图和万能板，结合元器件的数量和外形尺寸，在万能板装配图上从左到右、从上到下进行布局设计（图 4-3）。

（1）根据元器件外形尺寸及引脚距离在图上定位，并参照图上已绘制的元器件符号绘制其余元器件示意图。色环电阻器、整流二极管、稳压二极管各占五个孔位，电解电容器、发光二极管各占两个孔位，三极管占三个孔位。

（2）布局时，元器件尽量横平竖直、疏密均匀。

（3）根据电路图绘制连接走线图。走线尽量横平竖直、距离最短。

4. 元器件安装

按照设计的装配图在万能板上插装、焊接元器件，并用斜口钳将万能板反面多余引脚剪去（留头长度在 0～0.5mm 之间）。

需要特别注意以下几点：

（1）色环电阻器、整流二极管、稳压二极管和三极管需要先按万能板安装孔位置对引脚加工成形，再插装到万能板上。

（2）元器件的插装应当遵循“先小后大、先低后高、先里后外”的原则。对于有极性的元器件，要特别注意其安装方向。

（3）对于需要贴紧万能板安装的元器件，在焊接时需要用手对万能板稍加压力以保证元器件与万能板之间不留缝隙。

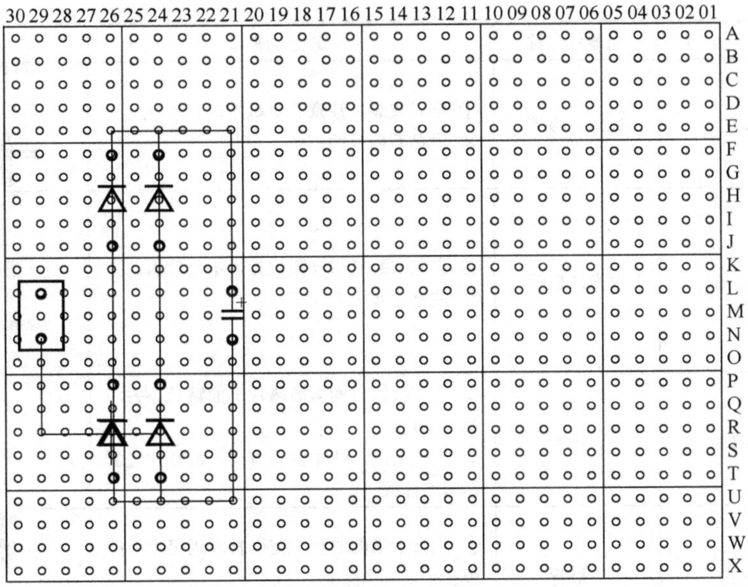

图 4-3　串联负反馈稳压电源装配图（已布局部分元器件）

（4）双脚元器件先焊一只引脚；三脚元器件先焊中间引脚，确认焊接到位平整后再焊剩余引脚。发光二极管和三极管的焊接时间不能过长，以免因温度过高而损坏。

元器件的具体安装要求见表 4-3。

表 4-3　元器件安装要求

序号	元器件编号	元器件名称	安装要求	示意图
1	R1～R5	色环电阻器	① 水平或垂直方向卧式安装，色环从左往右或从上往下数。 ② 占五个孔位，紧贴万能板插装	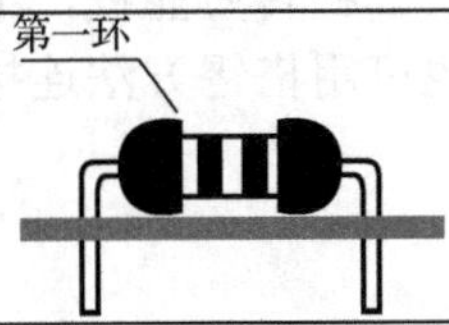
2	RP1	可调电阻器	① 立式安装，不要倾斜，注意安装方向。 ② 元器件贴紧万能板插装	
3	C1、C2	电解电容器	① 立式安装，不要倾斜，注意引脚正负极极性。 ② 元器件贴紧万能板插装	
4	VD1～VD4	整流二极管	① 卧式安装，注意正负极方向。 ② 紧贴万能板插装，元器件标识清晰可见	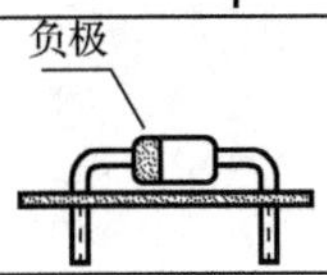

续表

序号	元器件编号	元器件名称	安装要求	示意图
5	VD5	稳压二极管	① 卧式安装，注意正负极方向。 ② 紧贴万能板插装	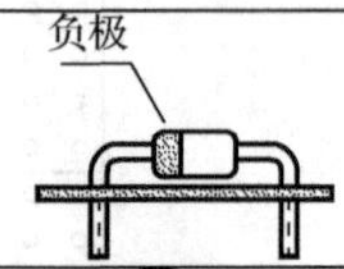
6	VD6	发光二极管	① 立式安装至引脚限位处，不要倾斜。 ② 注意正负极方向	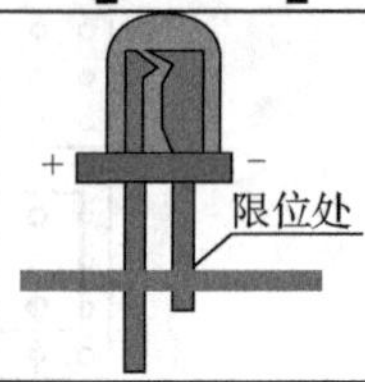
7	VT1	三极管	① 将三极管背面与散热片平面贴紧，并用螺钉固定。 ② 立式安装，注意安装方向，散热片底面贴紧万能板	
8	VT2	三极管	① 先按示意图成形，使引脚间距等于万能板孔距。 ② 立式安装，注意安装方向	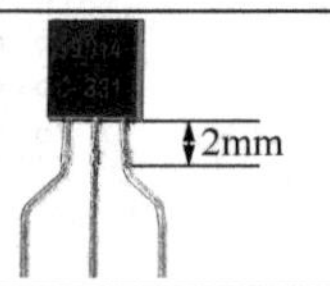
9	J1、J2	接线端子	① 立式安装，不要倾斜，接线孔朝外。 ② 元器件贴紧万能板插装	

安装完成后，需要对所有元器件安装的正确性和质量进行检查，发现问题及时调整。在检查时，应当特别注意有极性的元器件是否装反。

5. 电路连接

翻转万能板，根据装配图用剪下的电阻引脚或镀锡后的细铜线焊接好电路。此外，也可用搭锡方法连接电路，如图 4-4 所示。

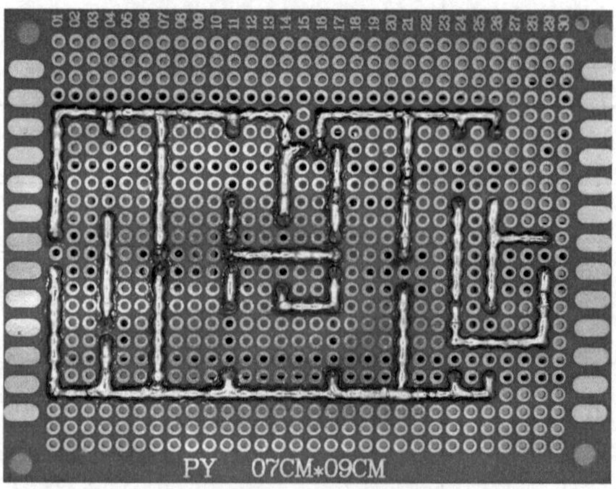

图 4-4 用搭锡方法连接的电路图

装配完成后的效果如图 4-5 所示。

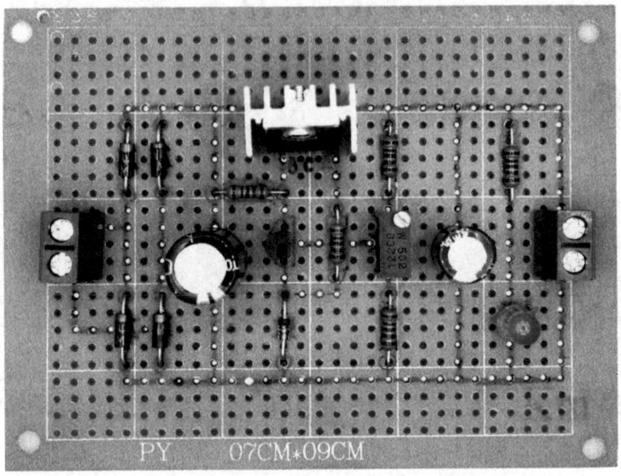

图 4-5　万能板上装配的串联负反馈稳压电源

四、任务评价

根据任务完成质量，填写串联负反馈稳压电源搭建评价表（表 4-4）。

表 4-4　串联负反馈稳压电源搭建评价表

评价内容	配分	评分标准	评分
元器件识别与检测	20	未按要求检查、清点元器件，在搭建过程中发现元器件有遗漏或缺陷的，每个元器件扣 2 分	
		未填写“清点结果”，一处扣 1 分	
		识别与检测表，错一处扣 2 分	
电路布局设计	20	装配图设计不合理、不规范，一处扣 2 分	
元器件安装	30	元器件成形不符合工艺要求，一处扣 2 分	
		元器件插装不符合工艺要求，一处扣 2 分	
		焊点缺陷，一处扣 1～2 分	
电路连接	20	不符合工艺要求，一处扣 2 分	
安全文明操作	10	在电路安装过程中符合安全文明操作要求，违反一项扣 2 分	
总分	100		

任务二　串联负反馈稳压电源的测试

一、任务描述

针对搭建的串联负反馈稳压电源电路，分析其工作原理，对电路参数进行调试和测量。

二、任务准备

工具准备：3mm 一字螺丝刀、数字万用表。
设备准备：12V 交流电源。

三、任务实施

1. 通电前检测

用万用表测量交流输入端口两接线端之间电阻为__________（万用表型号为______，挡位为______）。

电解电容器装反极易发生爆炸事故，通电前必须再次检查确认万能板的电解电容器极性安装是否正确。

2. 电路功能调试

在确认输入电阻正常、电解电容器极性安装正确后，通过实训台低压交流电源或电源变压器给电路接入 10～15V 交流电，并调整 RP1 可调电阻器的阻值，使稳压输出为 9V±0.2V。

在确认功能正常后举手请教师或组长检查。

3. 电路测试

按照要求用万用表测试并记录电路相关数据，填写串联负反馈稳压电源测试记录表（表 4-5）。

表 4-5　串联负反馈稳压电源测试记录表

交流输入电源电压	C1 两端电压	VT1		VT2			
		U_{BE}	U_{CE}	U_{BE}	U_{CE}	U_B	U_E

4. 电路分析

分析电路工作原理（必要时可进行实验验证），完成以下电路相关知识题：

（1）电阻器 R5 的作用是________________（过流保护/过压保护/限流）。

（2）假如 VD5 击穿短路，则 C2 两端电压会_______________（下降/上升/不变）。

四、任务评价

根据任务完成质量，填写串联负反馈稳压电源测试评价表（表 4-6）。

表 4-6　串联负反馈稳压电源测试评价表

评价内容	配分	评分标准	评分
通电前检测	10	能够正确检测电路输入电阻	
电路功能	20	能够按要求选择电源，并将电源正确连接到万能板上（10 分）	
		正常稳压输出为 9V±0.2V（10 分）	
电路测试	40	按照要求完成相关测试，并规范填写测试结果，错一处扣 5 分	
电路分析	20	按照要求完成电路分析，错一处扣 10 分	
安全文明操作	10	在电路安装过程中符合安全文明操作要求，违反一项扣 2 分	
总分	100		

知识探究

一、串联负反馈稳压电源工作原理

串联负反馈稳压电源电路（图 4-2）由整流、滤波、稳压、电源指示四部分组成。

串联型可调稳压电路实际上是一个电压负反馈电路，将反馈电压从输出电压中取出，并将其与基准电压进行比较，然后对差值电压进行放大从而控制调整管（VT1），调节其管压降，使输出电压保持基本稳定。

串联型稳压电路除了整流、滤波外，其稳压部分一般有四个环节：调整环节、基准电压、比较放大器和取样电路。当电网电压或负载变动引起输出电压变化时，取样电路将输出电压变化量的一部分馈送回比较放大器与基准电压进行比较，产生的误差电压放大后再控制调整管的基极电流，并自动改变调整管集电极和发射极之间的电压，补偿输出电压的变化，从而维持输出电压基本不变。

低压交流电经过 4 只二极管（VD1～VD4）整流变成脉动直流电；C1 为滤波电容，可把脉动直流电变成平滑直流电。

VT1 为调整管，VT2 为比较放大器；R2 和 VD5 组成基准电压电路、R3、RP1、R4 组成取样电路；C2 滤除杂波；R5、VD6 组成电源指示电路并兼做负载。

二、安全文明操作要求

（1）严禁带电操作，保证人身安全。
（2）工具摆放整齐有序，工位整洁，不乱扔焊锡。
（3）使用仪器仪表应当选用合适的量程，防止损坏。
（4）操作完毕，关闭仪器仪表电源，关闭实训台电源。
（5）放置电烙铁等工具时，操作要规范，避免损坏仪器设备和操作台。

三、万能板通电注意事项

（1）万能板通电前一定要在其下方垫纸，防止台面上的金属件对万能板造成影响。

（2）通电前一定要测试输入电阻，避免因短路而损坏供电电源。

（3）连接电路前一定要断电，只有在电路连接可靠时才可以通电，通电后发现异常必须立即切断电源。

四、电源接线注意事项

交流电源用红色线或黄色线，直流电源的正极用红色线或黄色线，负极（接地）用黑色线或蓝色线。

五、稳压二极管稳压电压的测量方法

对于不知稳压标称值的稳压二极管，可用以下方法测量其稳压值（图 4-6）。

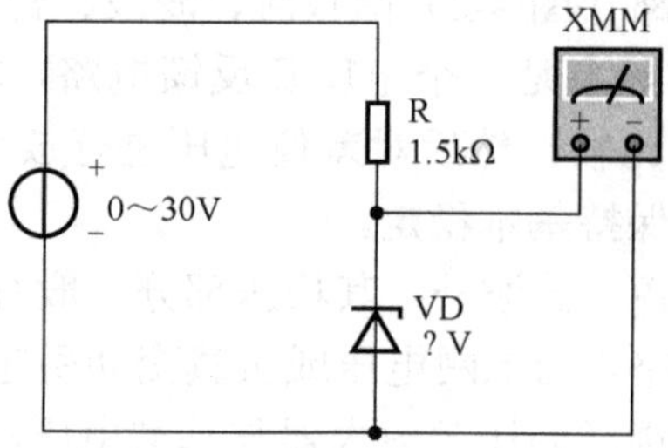

图 4-6　稳压二极管稳压电压测量方法

使用 0～30V 连续可调直流电源，将电源正极串接 1 只 1.5kΩ限流电阻器后与被测稳压二极管的负极相连接，将电源负极与被测稳压二极管的正极相连接，再用万用表测量稳压二极管两端的电压值，此时所测得的读数即为稳压二极管的稳压值。

对于稳压值在 13V 以下的稳压二极管，可将稳压电源的输出电压调至 15V。若稳压二极管的稳压值高于 15V，则应将稳压电源的输出电压调至 20V 以上。

六、发光二极管工作参数

闪烁发光二极管直接加 5V 电压，普通发光二极管正向工作电压在 1.4～3V 之间。其中，红色、绿色、黄色、橙色发光二极管工作电压约为 2V，其他颜色发光二极管工作电压约为 3V，红外发光二极管正常工作电压约为 1.4V。

发光二极管的击穿电压一般约为 5V，因此注意不要反接。

一般发光二极管的工作电流在 3～20mA 之间，用作普通指示信号的发光二极管工作电流一般设置在 3～5mA 之间，超亮发光二极管工作电流设置为 20mA。

发光二极管工作时一般需要串接限流电阻器。限流电阻的计算公式为

限流电阻 R=（电源电压 E - 发光二极管正向压降 U_F）/工作电流 I_F

当用交流信号驱动时，为防止发光二极管被反向击穿，可在两端反极性并联一只整流二极管。

在金属上打磨自己的“别样人生”

李凯军是一汽集团钳工班班长，在模具钳工岗位上工作了 30 多年。他对工作近乎痴迷的热爱，不仅在单位人人皆知，而且蜚声行业内外，是技术工人的杰出代表。

模具是“工业之母”。汽车模具的精度决定车体质量。模具上的一点瑕疵都会导致汽车零件批量报废。自 19 岁进厂成为一名模具钳工起，李凯军始终追求的就是模具精度。

李凯军每天都要做四百个俯卧撑，并且 20 年滴酒不沾。基本功练得最狠时，他愣是把指纹给磨没了。

2006 年的某一天，一位加拿大客商找到一汽集团定制一套 22 吨的汽车油底壳模具，并说这是他在中国寻找的最后一家模具制造厂，如果达不到要求，就放弃在中国生产。

李凯军领着徒弟们起早贪黑干了 4 个月，仅抛光这一个工序就用了 30 天。在交货的前一天下午，检测发现两个模具合拢不平行，误差达到 0.16mm。

此时，距离客户验收时间只有 16 个小时。有人说，这么大的模具，一千多个零部件的组合，这点误差很正常。

李凯军坚持模具必须拆卸排查误差。他一边拆一边排查，最终找出其中一个模块有肉眼无法看到的凸起面。他一点一点打平、抛光，终于在规定时间内完成了任务。李凯军制作的模具平面度误差在 0.02mm 范围内，该加拿大客商当即追加了八百万元订单。

李凯军说：“我感觉我的人生价值体现出来了，我的存在使企业等到了订单，我们没有让外国人小看，我们为中国争光了。”

今天，李凯军团队制造的汽车发动机缸体模具已经达到世界一流水平。

（资料来源：根据网络资料整理）

项目五　负反馈放大电路的搭建与测试

项目初识

在各种电子设备中，半导体器件工作状态极易受温度、电源电压波动等因素的影响。为提高放大电路工作稳定性，改善放大电路性能，满足实际工作需要，通常需要在放大电路中引入负反馈。

项目目标

1. 了解负反馈放大电路的工作原理。
2. 掌握负反馈放大电路的安装工艺要求。
3. 掌握负反馈放大电路的测试方法。

任务一　负反馈放大电路的搭建

一、任务描述

识读负反馈放大电路图，识别和检测相关元器件，按工艺要求搭建电路。

二、任务准备

工具准备：电烙铁、镊子、斜口钳、3mm 一字螺丝刀、数字万用表。
材料准备：电路所需元器件、万能板、焊锡丝。

三、任务实施

1. 电路图识读

对照负反馈放大电路图（图 5-1），结合“知识探究”部分相关知识，分析负反馈放大电路的组成、工作原理及各部分元器件的作用。

2. 元器件识别与检测

根据负反馈放大电路所需器材清单（表 5-1），清点元器件数量，目测元器件及万能板有无缺陷，也可用万用表对元器件进行测量。确认正常后在“清点结果”栏打“√”，并填写负反馈放大电路元器件识别与检测记录表（表 5-2）。

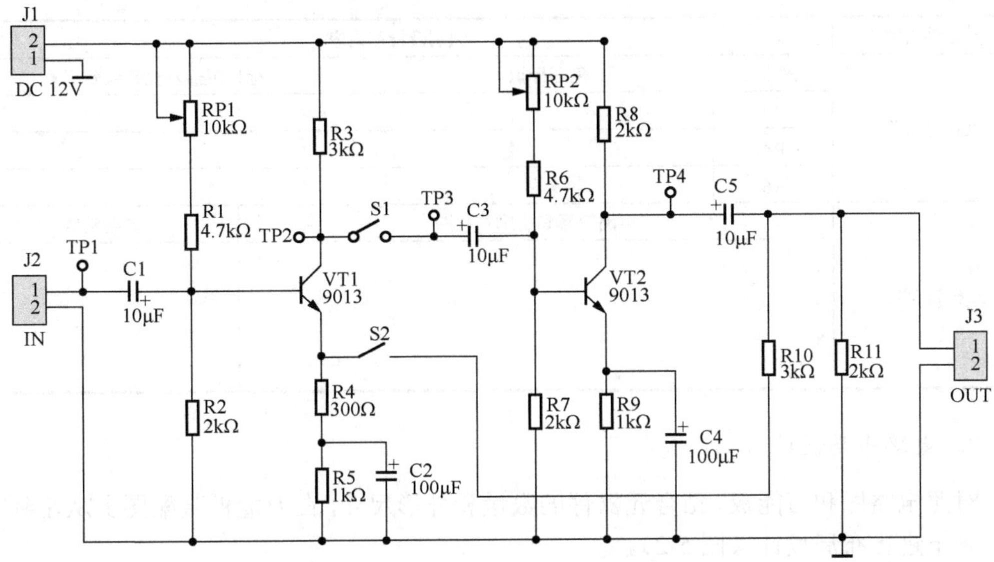

图 5-1　负反馈放大电路图

表 5-1　负反馈放大电路所需器材清单

序号	元器件名称	规格	元器件编号	数量	清点结果
1	色环电阻器	4.7kΩ、1/4W	R1、R6	2	
2	色环电阻器	2kΩ、1/4W	R2、R7、R8、R11	4	
3	色环电阻器	3kΩ、1/4W	R3、R10	2	
4	色环电阻器	300Ω、1/4W	R4	1	
5	色环电阻器	1kΩ、1/4W	R5、R9	2	
6	可调电阻器	3296W、10kΩ	RP1、RP2	2	
7	电解电容器	25V-10μF	C1、C3、C5	3	
8	电解电容器	25V-100μF	C2、C4	2	
9	单排针	2.54mm、直	J1、J2、J3、S1、S2、TP1、TP2、TP3、TP4	14	
10	短路帽	2.54mm	S1、S2	2	
11	三极管	TO-92-9013	VT1、VT2	2	
12	万能板	万能板 7cm×9cm	块	1	

表 5-2　负反馈放大电路元器件识别与检测记录表

<table>
<tr><td>元器件名称</td><td colspan="3">识别及检测内容</td></tr>
<tr><td rowspan="4">色环电阻器</td><td>元件标识</td><td>色环标识</td><td>标称阻值及允许误差</td></tr>
<tr><td>R2</td><td></td><td></td></tr>
<tr><td>R4</td><td></td><td></td></tr>
<tr><td>R6</td><td></td><td></td></tr>
<tr><td rowspan="2">三极管 VT1</td><td colspan="2">电路符号和引脚示意图</td><td>β测量值</td></tr>
<tr><td colspan="2"></td><td></td></tr>
</table>

3. 电路布局设计

对照电路图和万能板，结合元器件的数量和外形尺寸，在万能板装配图上从左到右、从上到下进行布局设计（图 5-2）。

（1）根据元器件外形尺寸及引脚距离在图上定位，并绘制元器件示意图。色环电阻器占五个孔位，电解电容器占两个孔位，三极管占三个孔位。

（2）布局时，元器件尽量横平竖直、疏密均匀。

（3）根据电路图绘制连接走线图。走线尽量横平竖直、距离最短。

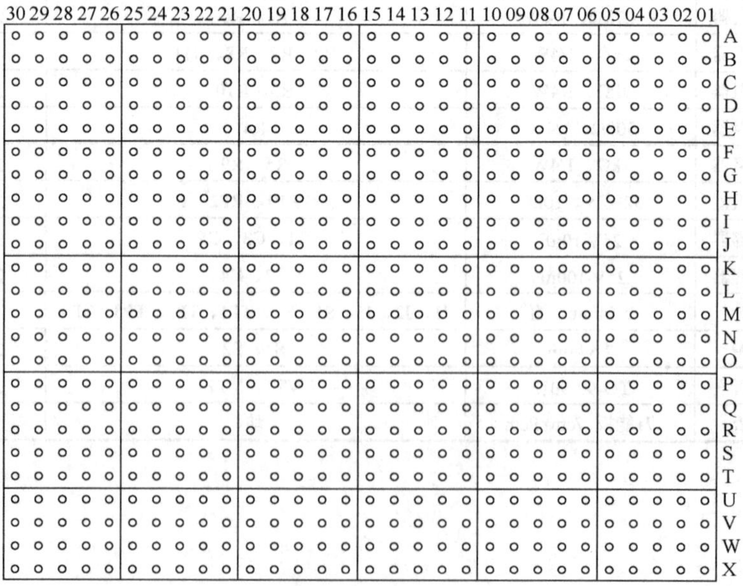

7cm×9cm

图 5-2　负反馈放大电路装配图

4. 元器件安装

按照设计的装配图在万能板上插装、焊接元器件，并用斜口钳将万能板反面多余引脚剪去（留头长度在 0～0.5mm 之间）。

需要特别注意以下几点：

（1）色环电阻器、三极管需要先按照万能板安装孔位置调整引脚间距，再插装到万能板上。

（2）元器件的插装应当遵循“先小后大、先低后高、先里后外”的原则。对于有极性的元器件，要特别注意其安装方向。

（3）对于需要贴紧万能板安装的元器件，在焊接时需要用手对万能板稍加压力以保证元器件与万能板之间不留缝隙。

（4）双脚元器件先焊一只引脚；三脚元器件先焊中间引脚，确认焊接到位平整后再焊剩余引脚。三极管的焊接时间不能过长，以免温度过高而损坏。

元器件的具体安装要求见表 5-3。

表 5-3　元器件安装要求

序号	元器件编号	元器件名称	安装要求	示意图
1	R1～R11	色环电阻器	① 水平或垂直方向卧式安装，色环从左往右或从上往下数。 ② 占五个孔位，紧贴万能板插装	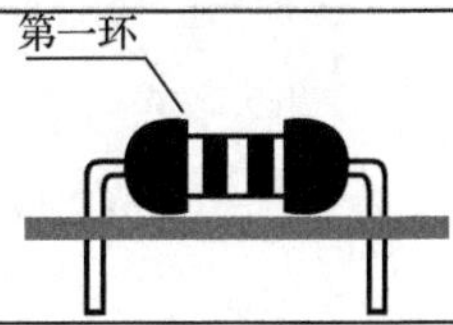
2	RP1、RP2	可调电阻器	① 立式安装，不要倾斜，注意安装方向。 ② 元器件贴紧万能板	
3	C1～C6	电解电容器	① 立式安装，不要倾斜，注意引脚正负极极性。 ② 元器件贴紧万能板插装	
4	VT1、VT2	三极管	① 先按示意图成形，使引脚间距等于万能板孔距。 ② 立式安装，注意安装方向	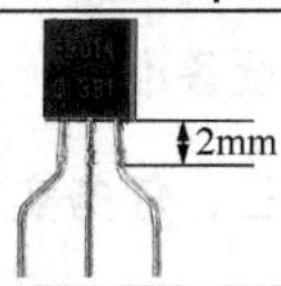
5	J1、J2、J3	接线端子	① 立式安装，不要倾斜。 ② 直插到底，元器件贴紧万能板插装	

安装完成后，需要对所有元器件安装的正确性和质量进行检查，发现问题及时调整。在检查时，应当特别注意有极性的元器件是否装反。

5. 电路连接

翻转万能板，根据装配图用剪下的电阻引脚或镀锡后的细铜线焊接好电路。此外，也可用搭锡方法连接电路。

四、任务评价

根据任务完成质量，填写负反馈放大电路搭建评价表（表 5-4）。

表 5-4　负反馈放大电路搭建评价表

评价内容	配分	评分标准	评分
元器件识别与检测	20	未按要求检查、清点元器件，在搭建过程中发现元器件有遗漏或缺陷的，每个元器件扣 2 分	
		未填写“清点结果”，一处扣 1 分	
		识别与检测表，错一处扣 2 分	
电路布局设计	20	装配图设计不合理、不规范，一处扣 2 分	
元器件安装	30	元器件成形不符合工艺要求，一处扣 2 分	
		元器件插装不符合工艺要求，一处扣 2 分	
		焊点缺陷，一处扣 1～2 分	
电路连接	20	不符合工艺要求，一处扣 2 分	
安全文明操作	10	在电路安装过程中符合安全文明操作要求，违反一项扣 2 分	
总分	100		

任务二　负反馈放大电路的测试

一、任务描述

针对搭建的负反馈放大电路，分析其工作原理，对电路参数进行调试和测量。

二、任务准备

工具准备：3mm 一字螺丝刀、数字万用表。
设备准备：12V 直流电源、示波器。

三、任务实施

1. 通电前检测

用万用表测量电源输入端口两接线端之间电阻为_________（万用表型号为______，挡位为______）。

2. 电路功能调试

在确认输入电阻正常、元器件极性安装正确后，按照下述步骤进行调试：

（1）将 RP1 和 RP2 大致调到中间位置，断开开关 S1 和 S2（即拔掉短路帽），用短路帽短接 J2，连接实训台直流 12V 电源。

（2）调节 RP1 和 RP2，使 VT1 和 VT2 的 U_{CE} 均为电源电压的一半（±0.2V）。

（3）连接开关 S1 和 S2（即插上短路帽），从 J2 处输入频率为 1kHz、峰峰值为 50mV 的正弦波信号，此时应能在 J2 处用示波器观察到不失真的正弦波信号。

在确认功能正常后，举手请教师或组长检查。

3. 电路测试

1）电位测试

在前述功能调试的基础上，断开开关 S1 和 S2（即拔掉短路帽）。按照要求测量、记录相关数据，并判断三极管的工作状态（表 5-5）。

表 5-5　电位测量记录表

名称	U_B	U_C	U_{CE}	I_C	工作状态
VT1					
VT2					

2）波形测试

连接开关 S1 和 S2（即插上短路帽），在输入端 J2 处输入一个频率为 1kHz 的正弦波信号，观测输出端 J3 处波形。调节输入信号，使 J3 端波形最大不失真。此时电路的电压放大倍数为________。绘制此时 J3 处波形，并填写相关参数（表 5-6）。

表 5-6　波形测量记录表

波形	波形参数值	
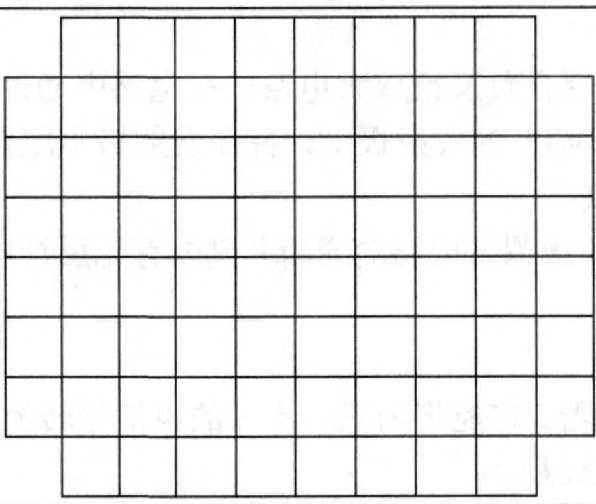	峰峰值	垂直偏转系数
	周期	水平偏转系数

4. 电路分析

（1）本电路为两级__________（直接/阻容）耦合负反馈放大电路。

（2）在电路中通过______把输出电压引回到输入端，加载在 VT1 的发射极上，并在发射极电阻器 R4 上形成反馈电压，属于________交流负反馈。

（3）电路中两级放大电路除了引入交流负反馈，还通过发射极电阻器 R4、R5 引入______（直流/交流）负反馈，其主要目的是稳定放大电路的________。

四、任务评价

根据任务完成质量，填写负反馈放大电路测试评价表（表 5-7）。

表 5-7　负反馈放大电路测试评价表

评价内容	配分	评分标准	评分
通电前检测	10	能够正确检测电路输入电阻	
电路功能调试	20	能够按要求选择电源，并将电源正确连接到万能板上（5 分）	
		能将 VT1 和 VT2 的 U_{CE} 调整为电源电压的一半（7 分）	
		在 J1 端输入规定的正弦波信号，并能在 J2 端观察到不失真的正弦波信号（8 分）	
电路测试	50	按照要求完成相关电位测试，并规范填写测试结果，错一处扣 3 分	
		能够根据输入、输出信号相关参数计算电路放大倍数（3 分）	
		按照要求完成相关波形测试，并规范绘制波形（8 分）	
		按照要求完成相关波形测试，并规范记录波形相关参数，每个参数 3 分	
电路分析	10	按照要求完成电路分析，错一处扣 2 分	
安全文明操作	10	在电路安装过程中符合安全文明操作要求，违反一项扣 2 分	
总分	100		

知识探究

一、负反馈放大电路工作原理

图 5-1 所示的负反馈放大电路为两级阻容耦合负反馈放大电路。在电路中通过 R10 把输出电压引回到输入端，通过开关 S2 加在 VT1 的发射极上，并在发射极电阻器 R4 上形成反馈电压 U_F，属于电压串联交流负反馈。

在电路中设置 S1、S2 两个开关，可以控制两级耦合电路的通断并判断有无反馈电压。

二、示波器的使用

示波器是一种用途十分广泛的电子测量仪器。它能将肉眼看不见的电信号转换成看得见的图像，便于人们研究各种电现象的变化过程。

示波器分为模拟示波器和数字示波器两种。数字示波器具有小型、轻便、易于操作等诸多优点，其在工作中日益普及。

图 5-3 所示为常用的模拟示波器实物图。

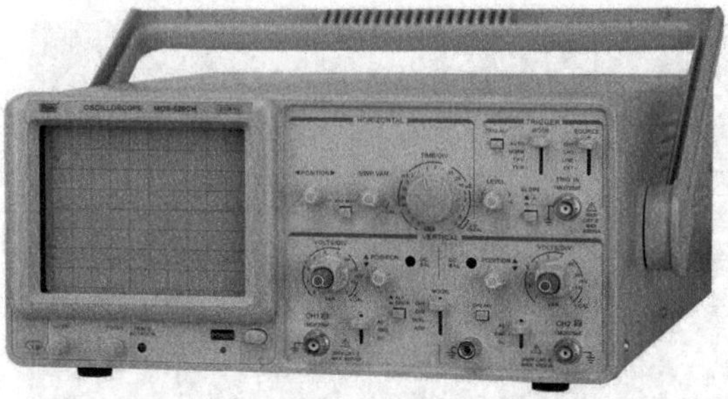

图 5-3 常用的模拟示波器实物图

图 5-4 所示为实训室常用的优利德 UTD2062CE 数字存储示波器实物图。该示波器的面板操作说明和显示界面说明，分别如图 5-5 和图 5-6 所示。

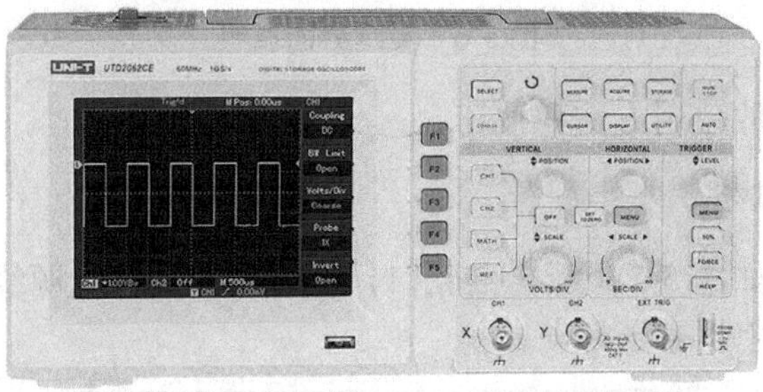

图 5-4 优利德 UTD2062CE 数字存储示波器实物图

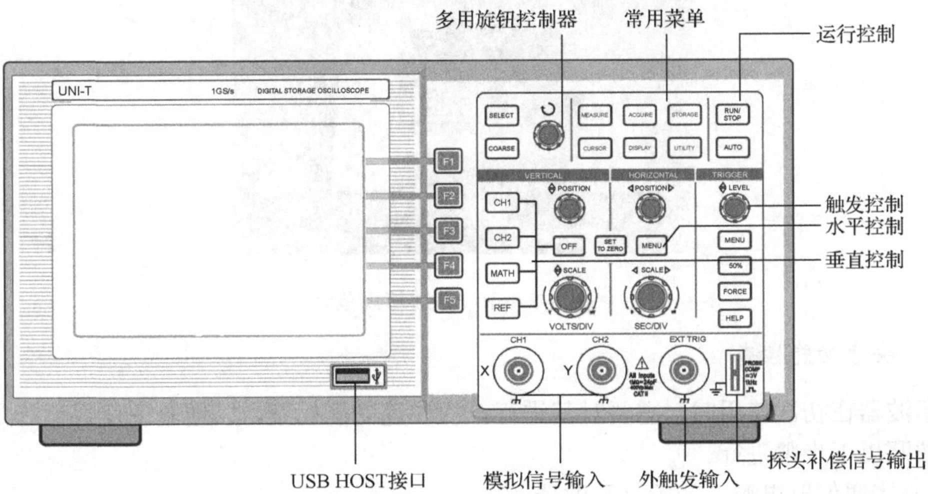

图 5-5 面板操作说明

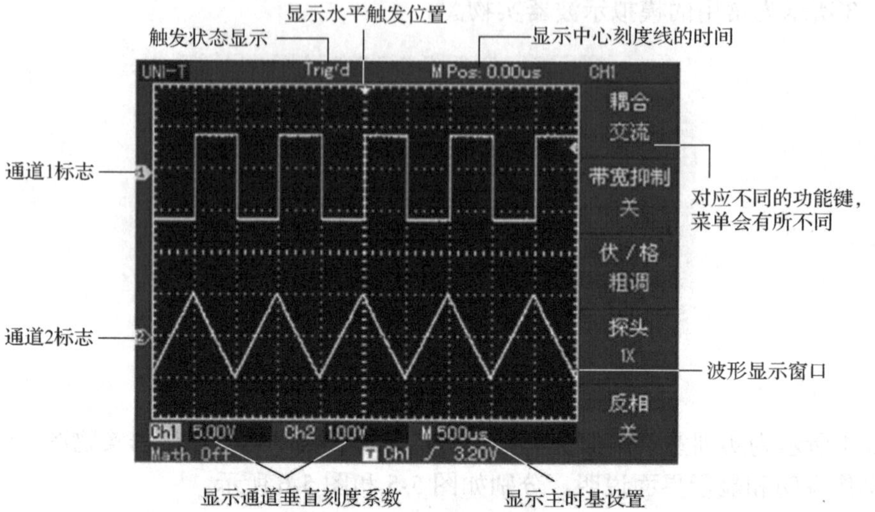

图 5-6　显示界面说明

下面介绍示波器的使用方法和技巧。

1. 示波器装箱规范

示波器装箱规范如图 5-7 所示。装箱时，要特别注意将电源线、探头等物品放置在示波器的背面，以免将屏幕压坏。

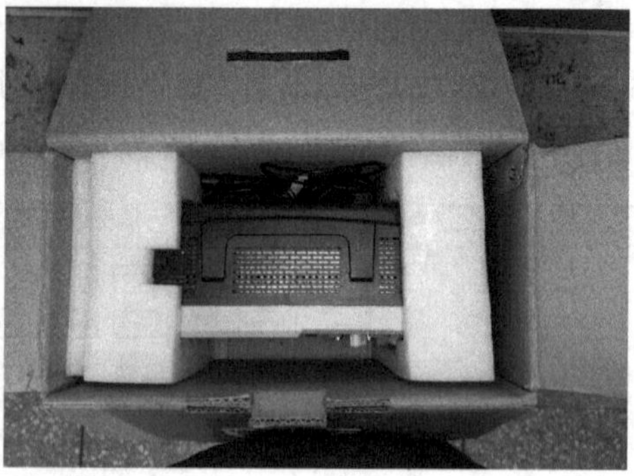

图 5-7　示波器装箱规范

2. 快速功能检查

示波器在初次使用时，需要对其进行一次快速功能检查，以便验证仪器运行是否正常。按照以下步骤进行。

1）接通仪器电源，初始化示波器

接通电源后，让仪器以最大测量精度优化数字存储示波器信号路径执行自校正程序，先按功能按钮“UTILITY”，再按 F1 键执行，然后进入下一页按 F1 键，调出出厂设置。

上述过程结束后，按 CH1 键，进入 CH1 菜单。

2）接入信号，检查探头及示波器设置

UTD2062CE 系列数字存储示波器为双通道输入，此外另有一个外触发输入通道。按照以下步骤检查探头及示波器设置：

（1）将示波器探头连接到 CH1 输入端，注意检查探头上的衰减倍率开关设置与示波器的探头衰减系数设置是否保持一致。如果将探头上的衰减倍率开关设定为“10×”（图 5-8），那么必须按 F4 键将探头衰减系数设置为“10×”（图 5-9）。

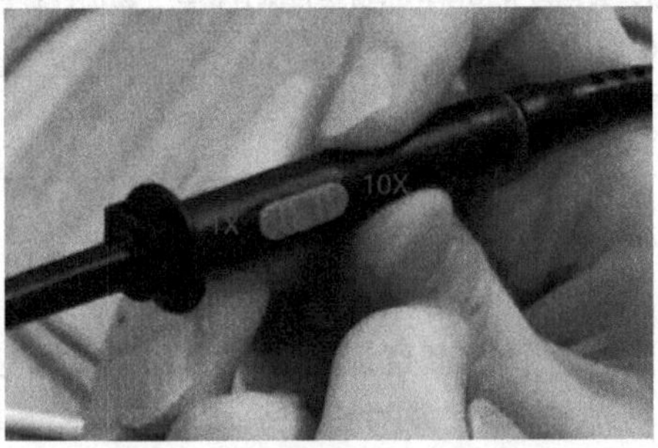

图 5-8　探头衰减倍率开关设置

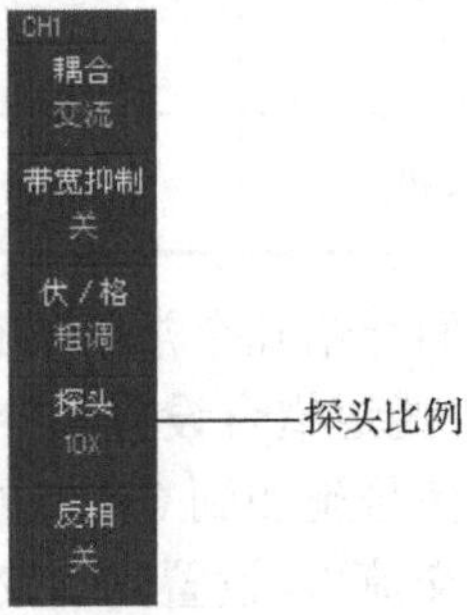

图 5-9　探头衰减系数设置

（2）将探头的探针和接地夹连接到示波器右下方的探头补偿信号相应连接端上。按 AUTO 按钮显示波形，检查显示的波形是否为方波（频率为 1kHz、峰峰值约为 3V）。若不是方波，则用替换法确定是探头有问题还是示波器有问题。

观察显示的探头补偿信号波形，若存在图 5-10（a）或（c）所示的“补偿过度”或“补偿不足”情况，则须用随机配送的非金属手柄改锥调整探头上的可变电容，直到屏幕显示如图 5-10（b）所示的“补偿正确”波形。

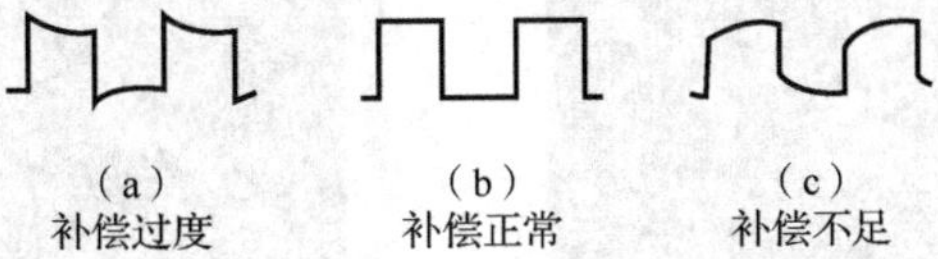

图 5-10　探头补偿信号波形

3. 垂直系统设置

CH1 通道和 CH2 通道都有独立的垂直功能菜单，每个项目可按不同的通道单独设置。按 CH1 或 CH2 功能按键，系统显示 CH1 通道或 CH2 通道的操作菜单。通道菜单说明见表 5-8。

表 5-8　通道菜单说明表

功能菜单	功能设定	说明
耦合	交流 直流 接地	阻挡输入信号的直流成分 通过输入信号的交流和直流成分 断开输入信号
带宽限制	打开 关闭	限制带宽至 20MHz 以减少显示噪声 满带宽
伏/格	粗调 细调	粗调按 1—2—5 进制设定垂直偏转系数 微调在粗调设置范围之间进一步细分，以便改善垂直分辨率
探头	1× 10×	根据探头衰减系数选取其中一个值以保持垂直偏转系数的读数正确。共有四种：1×、10×、100×、1000×
反相	开 关	打开波形反向功能 波形正常显示

下面介绍几个常用的菜单项设置方法。

1）通道耦合设置

以信号施加到 CH1 通道为例，被测信号是一个含有直流分量的正弦信号。按 F1 键选择“交流”，设置为“交流耦合”方式。被测信号含有的直流分量被阻隔，其波形如图 5-11 所示。

提示：若无“耦合设置”选项，则可按所接信号端对应的 CH1 或 CH2 功能按键。

按 F1 键选择“直流”，输入到 CH1 通道被测信号含有的直流分量和交流分量都可以通过并处理，对应的显示波形是信号全状态，如图 5-12 所示。

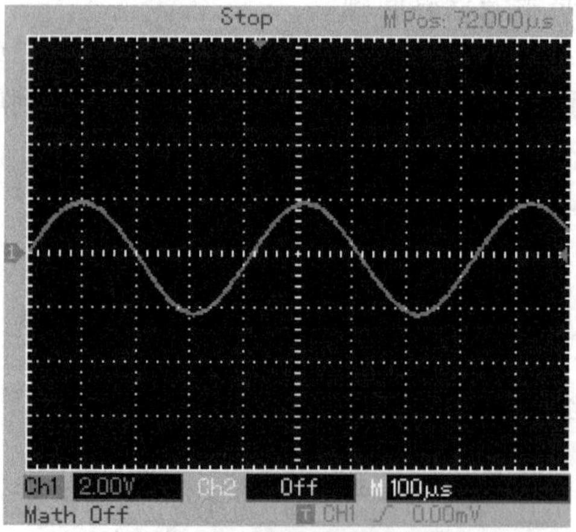

（信号的直流分量被阻隔）

图 5-11　交流耦合

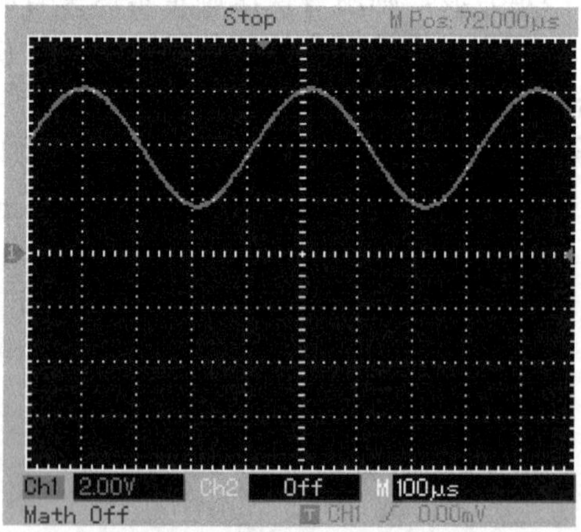

（信号的直流分量和交流分量同时被显示）

图 5-12　直流耦合

测量技巧如下：

① 若通道耦合方式为交流（AC），则信号含有的直流分量被滤除。这种方式便于以更高的灵敏度显示信号的交流分量。

② 若通道耦合方式为直流（DC），则可通过观察波形与信号地之间的差距快速测量信号的直流分量。

按 F1 键选择“接地”，通道设置为“接地”方式。该方式断开输入信号并把输入接地，其目的是消除干扰、方便找零点。被测信号含有的直流分量和交流分量都被阻隔，其波形如图 5-13 所示。

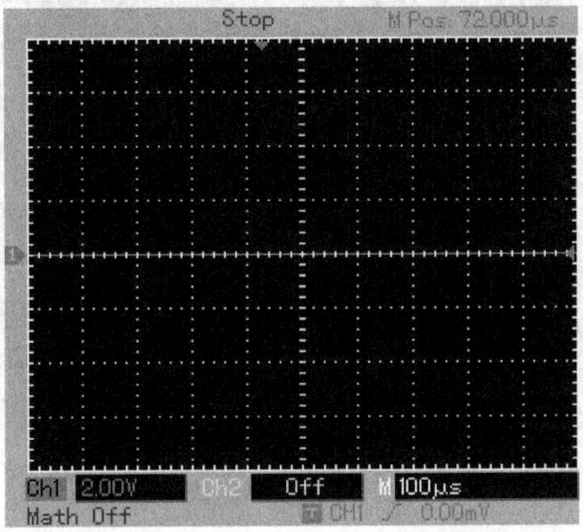

图 5-13　信号的直流分量和交流分量同时被阻隔

2）垂直伏/格调节设置

垂直偏转系数伏/格挡位调节分为粗调和细调两种模式（图 5-14）。粗调是在 2mV/div～5V/div 之间以 1—2—5 方式步进改变偏转系数。细调是在当前垂直挡位范围内以更小的步进改变偏转系数，从而实现垂直偏转系数在 2mV/div～5V/div 之间无间断地连续可调。

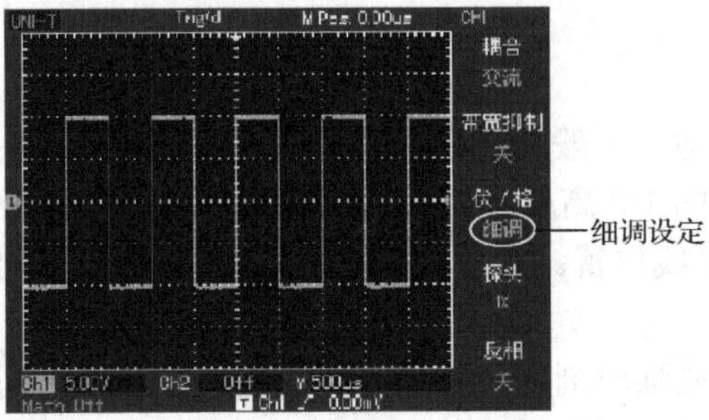

图 5-14　垂直偏转系数粗调和细调

4. 自动测量功能

优利德 UTD2062 数字示波器具有强大的自动测量功能。MEASURE 为自动测量功能按键。

按 MEASURE 键显示参数自动测量菜单，再按两次 F5 键选择“所有参数”，显示电压类和时间类的全部测量参数，如图 5-15 所示。再次按下 F5 键，即可关闭“所有参数”显示。

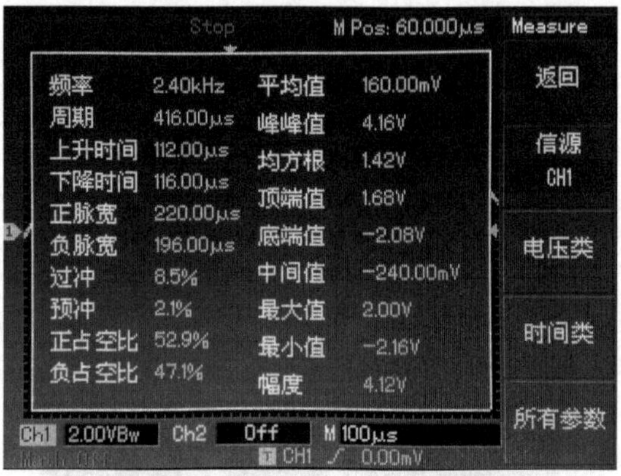

图 5-15　自动测量功能测出的所有参数

部分参数介绍如下。

峰峰值（V_{pp}）：波形最高点至最低点的电压值。

幅度（V_{amp}）：波形顶端至底端的电压值。

最大值（V_{max}）：波形最高点至 GND（地）的电压值。

最小值（V_{min}）：波形最低点至 GND（地）的电压值。

为使自动测量的参数值保持稳定，可以按下面板右上方的 RUN/STOP 按键将示波器置于“停止”状态，停止信号采样。

5. 波形绘制方法

（1）示波器选挡合适（一般将波形调整为水平方向显示 1～3 个周期的被测信号波形，波形幅度超过屏幕的 1/2 高度），按 RUN/STOP 键固定波形。

（2）确定“0”电平线位置。一般在倒数 1 格或倒数 2 格的水平线上，在波形表格的左端用“→”标示。

（3）确定关键点。先画出刻度，再用“五点法”标出一个周期的 5 个关键点，然后将各点连接起来（正弦波用平滑曲线），在确定无误后用铅笔适当加粗。

（4）规范填写表格中的各参数，注意参数的单位。

6. 面板中英文对照

示波器常用中英文对照表见表 5-9。

表 5-9　示波器常用中英文对照表

英文面板	中文面板	英文面板	中文面板
SELECT	选择	SET TO ZERO	置零
MEASURE	测量	MENU	菜单
ACQUIRE	获取	50%	50%
STORAGE	存储	FORCE	强制触发
RUN/STOP	运行/停止	HELP	帮助
COARSE	粗调	VERTICAL	垂直
CURSOR	光标	HORIZONTAL	水平
DISPLAY	显示	TRIGGER	触发
UTILITY	辅助功能	▲▼ POSITION	垂直位置
AUTO	自动设置	◀POSITION▶	水平位置
CH1	通道 CH1	LEVEL	触发电平
CH2	通道 CH2	SCALE	标度
MATH	数学	VOLTS/DIV	伏/格
REF	参考	SEC/DIV	秒/格
OFF	关闭		

项目六　LM386集成功率放大电路的搭建与测试

项目初识

在一些电子设备中，常要求放大电路的输出级能够带动某种负载。例如，驱动执行机构实现自动控制，驱动扬声器使之发声等。这就要求使用功率放大电路作为多级放大电路的输出级，以便提供足够大的输出功率。图6-1所示为功率放大器实物图。

图6-1　功率放大器实物图

项目目标

1. 了解LM386集成功率放大电路的工作原理。
2. 掌握LM386集成功率放大电路的安装工艺要求。
3. 掌握LM386集成功率放大电路的测试方法。

任务一　LM386集成功率放大电路的搭建

一、任务描述

识读LM386集成功率放大电路图，识别和检测相关元器件，按工艺要求搭建电路。

二、任务准备

工具准备：电烙铁、小电钻、镊子、斜口钳、3mm一字螺丝刀、3mm十字螺丝刀、数字万用表。

材料准备：电路所需元器件、万能板、焊锡丝。

三、任务实施

1. 电路图识读

对照 LM386 集成功率放大电路图（图 6-2），结合“知识探究”部分相关知识，分析 LM386 集成功率放大电路的组成、工作原理及各部分元器件的作用。

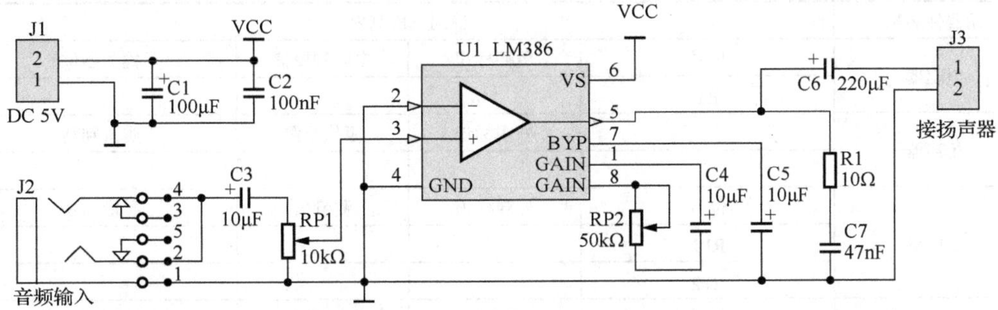

图 6-2　LM386 集成功率放大电路图

2. 元器件识别与检测

根据 LM386 集成功率放大电路所需器材清单（表 6-1）清点元器件数量，目测元器件及万能板有无缺陷，也可用万用表对元器件进行测量。确认正常后在“清点结果”栏打“√”，并填写 LM386 集成功率放大电路元器件识别与检测记录表（表 6-2）。

表 6-1　LM386 集成功率放大电路所需器材清单

序号	元器件名称	规格	元器件编号	数量	清点结果
1	色环电阻器	10Ω、1/4W	R1	1	
2	电位器	WH1212N 音量调节电位器、10kΩ、半圆柄高 10mm	RP1	1	
3	可调电阻器	3296W-503（50kΩ）	RP2	1	
4	电解电容器	25V-100μF	C1	1	
5	瓷片电容器	100nF	C2	1	
6	电解电容器	25V-10μF	C3、C4、C5	3	
7	电解电容器	25V-220μF	C6	1	
8	涤纶电容器	47nF	C7	1	
9	集成块	DIP-8-LM386	U1	1	
10	IC 座	DIP8		1	
11	接线端子	KF301-2P 5.0	J1、J3	2	
12	音频插座	3F07、双声道、3.5mm、5 脚	J2	1	

续表

序号	元器件名称	规格	元器件编号	数量	清点结果
13	扬声器	Φ40mm、8Ω		1	
14	万能板	万能板 7cm×9cm		1	

表 6-2　LM386 集成功率放大电路元器件识别与检测记录表

元器件名称	识别及检测内容			
电阻器	位号	色环标识	电阻测量值	检测挡位
	R1			
扬声器		外观标识	阻值检测	质量判别
电位器	位号	外观标识	测量值	质量判别
	RP1			
	RP2			
电容器	位号	标称值	测试容量	检测挡位
	C3			
	C7			

填写集成电路 LM386 的内电阻测试表（表 6-3）。

表 6-3　集成电路 LM386 的内电阻测试表

引脚	1	2	3	4	5	6	7	8
R 正向/kΩ								
R 反向/kΩ								

3．电路布局设计

对照电路图和万能板，结合元器件的数量和外形尺寸，在万能板装配图上从左到右、从上到下进行布局设计（图 6-3）。

（1）根据元器件外形尺寸及引脚距离在图上定位，并绘制元器件示意图。色环电阻器占五个孔位，瓷片电容器、电解电容器占两个孔位，涤纶电容器占三个孔位。

（2）布局时，元器件尽量横平竖直、疏密均匀。

（3）根据电路图绘制连接走线图。走线尽量横平竖直、距离最短。

4．元器件安装

按照设计的装配图在万能板上插装、焊接元器件，并用斜口钳将万能板反面多余引脚剪去（留头长度在 0～0.5mm 之间）。

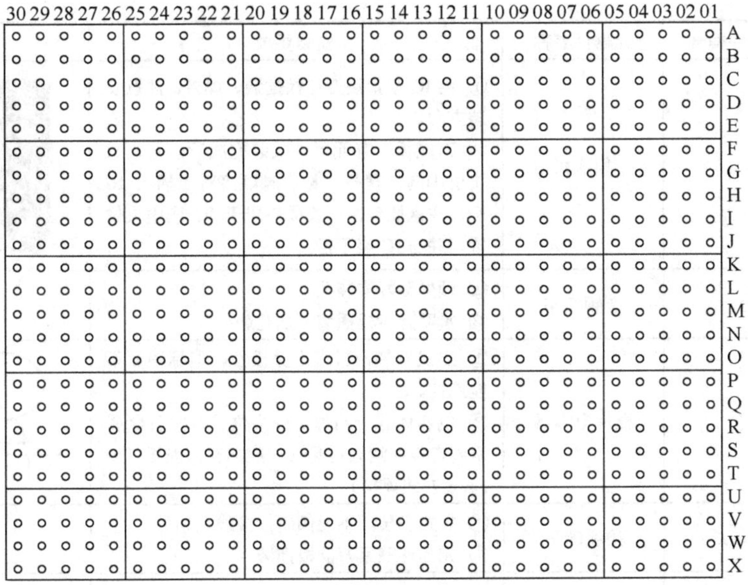

7cm×9cm

图 6-3　LM386 集成功率放大电路装配图

需要特别注意以下要求：

（1）所有元器件在安装前，首先根据电位器和音频插座封装尺寸和设计的安装位置在万能板上绘制好钻孔位置，然后用小电钻钻好安装孔再进行安装。

（2）色环电阻器需要先将其引脚按万能板安装孔位置成形，再插装到万能板上。

（3）元器件的插装应当遵循“先小后大、先低后高、先里后外”的原则。对于有极性的元器件，要特别注意其安装方向，不能装反。

（4）对于需要贴紧万能板安装的元器件，在焊接时需要用手对万能板稍加压力以保证元器件与万能板之间不留缝隙。

（5）双脚元器件先焊一只引脚；三脚元器件先焊中间引脚，确认焊接到位平整后再焊剩余引脚。

元器件的具体安装要求见表 6-4。

表 6-4　元器件安装要求

序号	元器件编号	元器件名称	安装要求	示意图
1	R1	色环电阻器	① 水平或垂直方向卧式安装，色环从左往右或从上往下数。 ② 占五个孔位，紧贴万能板插装	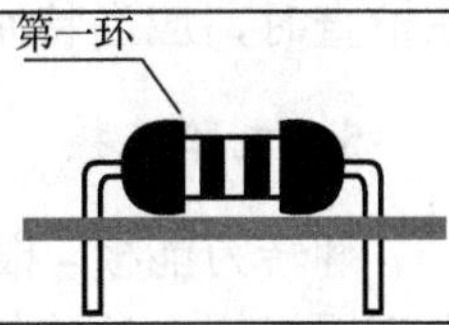

续表

序号	元器件编号	元器件名称	安装要求	示意图
2	U1	集成块	① 将IC座紧贴万能板插装、焊接，注意安装方向。 ② 万能板所有元器件安装完成后，将集成块引脚向内稍折，按引脚顺序对应插入IC座，注意插到位，集成块居于IC座中央位置，并与IC座平行	
3	J2	音频插座	① 预先钻好安装孔。 ② 紧贴万能板插装，插孔朝外	
4	C2	瓷片电容器	① 立式安装，引脚不分极性，但标识面不能遮挡。 ② 电容体居于两焊盘中央位置，并且金属引脚在板面清晰可见（一般离开万能板1～2mm安装焊接）	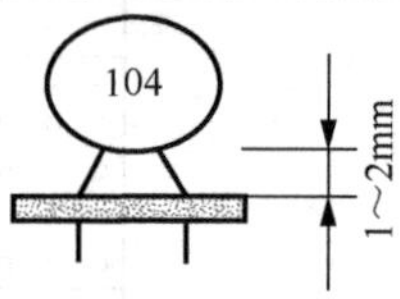
5	J1、J3	接线端子	① 立式安装，不要倾斜，接线孔朝外。 ② 元器件贴紧万能板插装	
6	C1、C3～C6	电解电容器	① 立式安装，不要倾斜，注意引脚正负极极性。 ② 元器件贴紧万能板插装	
7	C7	涤纶电容器	① 立式安装，引脚不分极性，但标识面不能遮挡。 ② 电容体居于两焊盘中央位置，并且金属引脚在板面清晰可见（一般离开万能板2～3mm安装焊接）	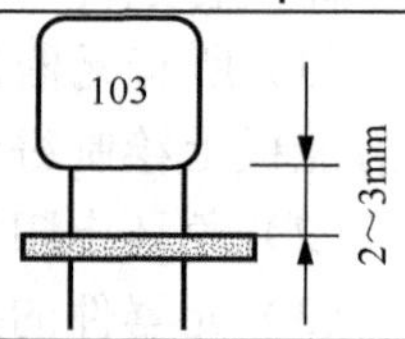
8	RP2	可调电阻器	① 立式安装，不要倾斜，注意安装方向。 ② 元器件贴紧万能板插装	
9	RP1	电位器	① 预先钻好安装孔，立式安装，不要倾斜，注意安装方向。 ② 元器件贴紧万能板插装	
10		扬声器	① 注意极性，正极用红线，负极用黑线。 ② 连接线预先捻线镀锡，扬声器接线端先镀锡，然后将连接线焊接到扬声器上	

安装完成后，需要对所有元器件安装的正确性和质量进行检查，发现问题及时调整。在检查时，应当特别注意有极性的元器件是否装反。

5. 电路连接

翻转万能板，根据装配图，用剪下的电阻引脚或镀锡后的细铜线焊接好电路。此外，也可用搭锡方法连接电路。

6. 整机装配

将万能板和扬声器固定于电子制作盒内，组装成方便实用的有源小音箱，如图 6-4 所示。

图 6-4　LM368 集成功率放大电路（加外壳及扬声器）

四、任务评价

根据任务完成质量，填写 LM386 集成功率放大电路搭建评价表（表 6-5）。

表 6-5　LM386 集成功率放大电路搭建评价表

评价内容	配分	评分标准	评分
元器件识别与检测	20	未按要求检查、清点元器件，在搭建过程中发现元器件有遗漏或缺陷的，每个元器件扣 2 分	
		未填写“清点结果”，一处扣 1 分	
		识别与检测表，错一处扣 2 分	
电路布局设计	20	装配图设计不合理、不规范，一处扣 2 分	
元器件安装	30	钻孔不合理、不美观，一处扣 2 分	
		元器件成形不符合工艺要求，一处扣 2 分	
		元器件插装不符合工艺要求，一处扣 2 分	
		焊点缺陷，一处扣 1～2 分	
电路连接	10	不符合工艺要求，一处扣 2 分	
整机装配	10	针对牢固程度、合理性、美观等酌情给分	
安全文明操作	10	在电路安装过程中符合安全文明操作要求，违反一项扣 2 分	
总分	100		

任务二　LM386 集成功率放大电路的测试

一、任务描述

针对搭建的 LM386 集成功率放大电路，分析其工作原理，对电路参数进行调试和测量。

二、任务准备

工具准备：3mm 一字螺丝刀、3mm 十字螺丝刀、数字万用表。
设备准备：5V 直流电源。

三、任务实施

1. 通电前检测

用万用表测量电源输入端口 J1 两接线端之间电阻为________（万用表型号为______，挡位为______）。

2. 电路功能调试

在确认输入电阻正常、元器件极性安装正确后，连接实训台直流 5V 电源，用手机作为信号源提供音频输入（音乐）。调整电位器 RP1，使扬声器输出声音适中；调整可调电阻器 RP2，使扬声器输出音质最佳。

在确认功能正常后，举手请教师或组长检查。

3. 电路测试

1）电位测试

去掉音频输入信号，用万用表测试 LM386 各引脚电位，并将测试结果记入 LM386 集成电路各引脚电位检测记录表（表 6-6）中。

表 6-6　LM386 集成电路各引脚电位检测记录表

引脚	1	2	3	4	5	6	7	8
电位/V								

2）波形测试

从 J2 端输入一个 1kHz 正弦波信号，观测 J3 端输出信号波形，调节 RP1、RP2，使 J3 端输出波形最大不失真。将 J3 端输出波形及相关参数记录在波形测量记录表（表 6-7）中。

表 6-7　波形测量记录表

波形	波形参数值	
	峰峰值	垂直偏转系数
	周期	水平偏转系数

4. 电路分析

（1）本电路中 RP1 的作用是调节__________（增益/音量），RP2 的作用是调节__________（增益/音量）。

（2）电路中 C1 的作用是滤除__________（高频/低频）信号，C2 的作用是滤除__________（高频/低频）信号。

（3）电路中 C3 是__________（耦合/滤波）电容。

四、任务评价

根据任务完成质量，填写 LM386 集成功率放大电路测试评价表（表 6-8）。

表 6-8　LM386 集成功率放大电路测试评价表

评价内容	配分	评分标准	评分
通电前检测	10	能够正确检测电路输入电阻	
电路功能调试	20	能够按要求选择电源，并将电源正确连接到万能板上（5 分）	
		能够播放音频输入端输入的音乐信号（10 分）	
		播放的音乐信号无明显失真（5 分）	
电路测试	50	按照要求完成相关电位测试，并规范填写测试结果，错一处扣 4 分	
		按照要求完成相关波形测试，并规范绘制波形（8 分）	
		按照要求完成相关波形测试，并规范记录波形相关参数，每个参数 3 分	
电路分析	10	按照要求完成电路分析，错一处扣 2 分	
安全文明操作	10	在电路安装过程中符合安全文明操作要求，违反一项扣 2 分	
总分	100		

知识探究

一、LM386集成功率放大电路工作原理

图6-2所示的LM386集成功率放大电路主要由音量控制、功率放大、负载（扬声器）三部分组成。音频信号先从J2耳机插孔输入，再经RP1分压调整音频信号幅度，然后输入功率放大集成电路U1的3脚（同相输入端），并在功率放大后由5脚输出，最后经过耦合电容器C6输送到扬声器，将音频信号转变为声音信号。RP2可以调节功率放大电路增益，避免增益过大使声音失真。

二、LM386集成电路

LM386集成电路是集成型OTL功放电路的常见类型。与通用型集成运算放大器的特性相似，LM386集成电路是一个三级放大电路：第一级为差分放大电路；第二级为共射放大电路；第三级为准互补输出级功率放大电路。

LM386集成电路的引脚排列示意图如图6-5所示。各引脚具体功能如下。

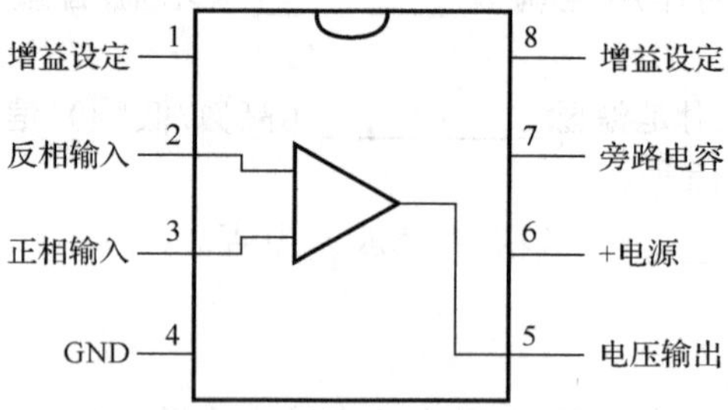

图6-5　LM386集成电路的引脚排列示意图

引脚1、引脚8：电压增益设定端。
引脚2：反相输入端。
引脚3：正相输入端。
引脚4：接地端。
引脚5：输出端。
引脚6：工作电源引入端。
引脚7：与地之间串接旁路电容，旁路电容的容量值一般取10μF。

三、扬声器

扬声器俗称喇叭，是一种常见的电声换能器件，在发声的电子电气设备中几乎都能见到它。图6-6所示为常见扬声器实物图。

图 6-6 常见扬声器实物图

扬声器的工作原理：音频电能通过电磁效应、压电效应或静电效应，使其锥盆或膜片振动并与周围空气产生共振（共鸣）而发出声音。扬声器按照换能机理和结构可分为动圈式（电动式）、电容式（静电式）、压电式（晶体或陶瓷）、电磁式（压簧式）、电离子式和气动式等。图 6-7 所示为常见的动圈式扬声器结构示意图。

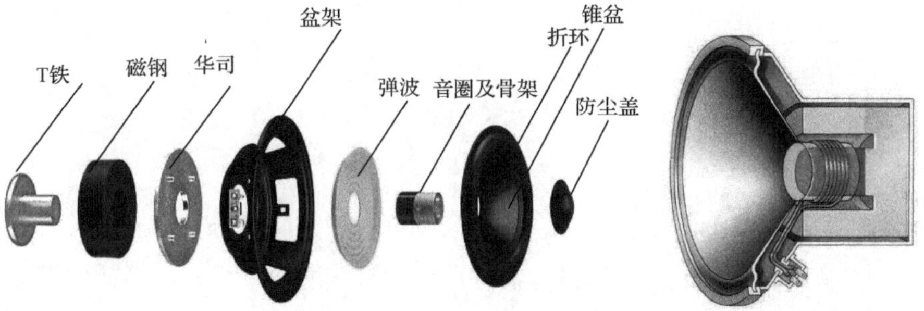

图 6-7 常见的动圈式扬声器结构示意图

扬声器的主要参数和性能指标有灵敏度、频率响应、额定功率、额定阻抗、指向性及失真度等。下面主要介绍扬声器的额定功率和额定阻抗。

1. 额定功率

扬声器的功率有标称功率和最大功率之分。标称功率又称额定功率、不失真功率。它是指扬声器在额定不失真范围内允许的最大输入功率，在扬声器的商标、技术说明书上标注的功率即为标称功率值。最大功率是指扬声器在某一瞬间所能承受的峰值功率。为保证扬声器工作的可靠性，要求扬声器的最大功率为标称功率的 2～3 倍。

2. 额定阻抗

扬声器的阻抗一般与频率有关。额定阻抗是指当音频为 400Hz 时，从扬声器输入端测得的阻抗值。它一般是音圈直流电阻的 1.2～1.5 倍。一般动圈式扬声器常见的阻抗有 4Ω、8Ω、16Ω、32Ω等。

扬声器有两个接线柱（两根引线）。当单只扬声器使用时，两个引脚不分正负极性；当多只扬声器同时使用时，两个引脚有极性之分。

动圈式扬声器的检测主要分为以下三个步骤：

（1）测量直流电阻。用万用表测量扬声器两只引脚之间的直流电阻，正常时测量值应比标称阻抗略小。例如，标称阻抗为8Ω的扬声器测量的电阻值正常为7Ω左右。若测量阻值为无穷大，或远大于它的标称阻抗值，则说明扬声器已经损坏。

（2）听响声。当用指针表测量直流电阻时，将一只表笔断续接触引脚，若扬声器能够发出“咔咔”的声音，则说明扬声器工作正常。

（3）直观检查。检查扬声器有无锥盆破裂现象。

项目七 声光控延时开关电路的搭建与测试

项目初识

声光控延时开关电路能将声音信号和光信号转换为电信号，经过电路处理控制各类电器工作，在工业自动控制系统和日用照明系统中应用广泛。声光控延时灯是声光控延时开关电路的典型应用实例。在环境光线较强时，即使有声响也不会通电亮灯；在环境光线较暗时，一旦有说话声、脚步声等声响，就会立即通电亮灯，并延时一段时间后自动熄灭，从而实现了智能照明和节能环保。图 7-1 所示为声光控延时开关实物图及应用场景。

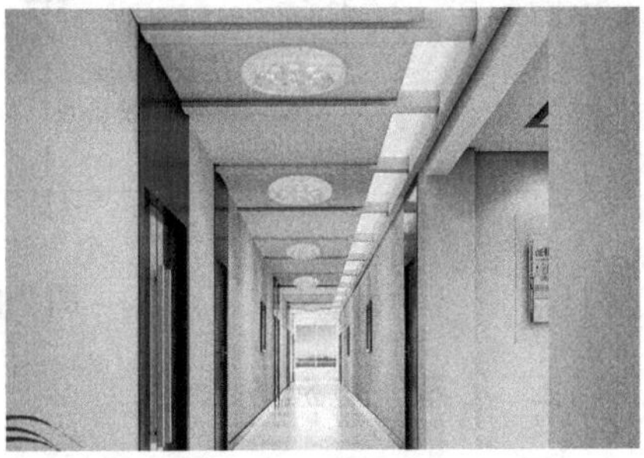

图 7-1 声光控延时开关实物及应用场景图

项目目标

1. 了解声光控延时开关电路的工作原理。
2. 掌握声光控延时开关电路的安装工艺要求。
3. 掌握声光控延时开关电路的测试方法。

任务一 声光控延时开关电路的搭建

一、任务描述

识读声光控延时开关电路图，识别和检测相关元器件，按工艺要求搭建电路。

二、任务准备

工具准备：电烙铁、镊子、斜口钳、3mm 十字螺丝刀、数字万用表。
材料准备：电路所需元器件、万能板、焊锡丝。

三、任务实施

1. 电路图识读

对照声光控延时开关电路图（图 7-2），结合“知识探究”部分相关知识，分析声光控延时开关电路的组成、工作原理及各部分元器件的作用。

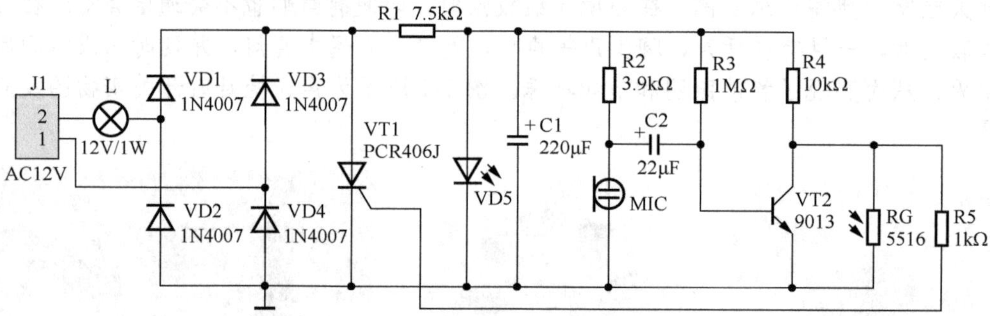

图 7-2　声光控延时开关电路图

2. 元器件识别与检测

根据声光控延时开关电路所需器材清单（表 7-1）清点元器件数量，目测元器件及万能板有无缺陷，也可用万用表对元器件进行测量。确认正常后在“清点结果”栏打“√”，并填写声光控延时开关电路元器件识别与检测记录表（表 7-2）。

表 7-1　声光控延时开关电路所需器材清单

序号	元器件名称	规格	元器件编号	数量	清点结果
1	色环电阻器	7.5kΩ、1/4W	R1	1	
2	色环电阻器	3.9kΩ、1/4W	R2	1	
3	色环电阻器	1MΩ、1/4W	R3	1	
4	色环电阻器	10kΩ、1/4W	R4	1	
5	色环电阻器	1kΩ、1/4W	R5	1	
6	电解电容器	25V-220μF	C1	1	
7	电解电容器	25V-22μF	C2	1	
8	整流二极管	DO-41-IN4007	VD1～VD4	4	

续表

序号	元器件名称	规格	元器件编号	数量	清点结果
9	发光二极管	3mm、红	VD5	1	
10	灯泡	E10 螺口灯泡、12V/1W	L	1	
11	驻极体话筒	52DB，9mm×7mm，带引脚	MIC	1	
12	光敏电阻	5516	RG	1	
13	晶闸管	TO-92-PCR406J	VT1	1	
14	三极管	TO-92-9013	VT2	1	
15	接线端子	KF301-2P 5.0	J1	1	
16	万能板	万能板 7cm×9cm		1	

表 7-2 声光控延时开关电路元器件识别与检测记录表

元器件名称	识别及检测内容			
光敏电阻	位号	亮电阻	暗电阻	质量判别
	RG			
三极管	位号	外观标识	管型及β值	引脚示意图
	VT2			
晶闸管	位号	外观标识	电路符号	引脚示意图
	VT1			
话筒	位号	引脚示意图		
	MIC			

3. 电路布局设计

对照电路图和万能板，结合元器件的数量和外形尺寸，在万能板装配图上从左到右、从上到下进行布局设计（图 7-3）。

（1）根据元器件外形尺寸及引脚距离在图上定位，并绘制元器件示意图。色环电阻器、整流二极管各占五个孔位，发光二极管、电解电容器和驻极体话筒各占两个孔位，三极管、晶闸管各占三个孔位。

（2）布局时，元器件尽量横平竖直、疏密均匀。

（3）根据电路图绘制连接走线图。走线尽量横平竖直、距离最短。

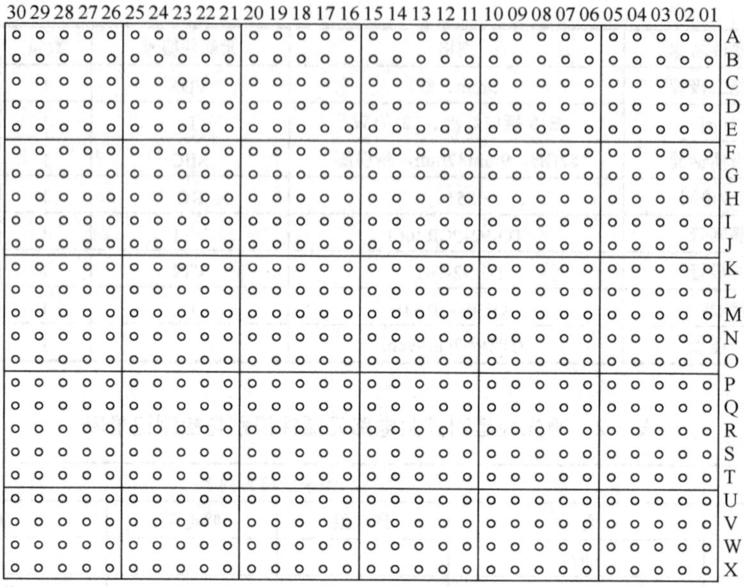

图 7-3　声光控延时开关电路装配图

4. 元器件安装

按照设计的装配图在万能板上插装、焊接元器件，并用斜口钳将万能板反面多余引脚剪去（留头长度在 0～0.5mm 之间）。

需要特别注意以下要求：

（1）灯泡按照要求预先焊接好连接线。对色环电阻器、整流二极管需要先将其引脚按万能板安装孔位置成形，再插装到万能板上。

（2）元器件的插装应当遵循“先小后大、先低后高、先里后外”的原则。对于有极性的元器件，要特别注意其安装方向。

（3）对于需要贴紧万能板安装的元器件，在焊接时需要用手对万能板稍加压力以保证元器件与万能板之间不留缝隙。

（4）双脚元器件先焊一只引脚，三脚元器件先焊中间引脚，确认焊接到位平整后再焊剩余引脚。

元器件的具体安装要求见表 7-3。

表 7-3　元器件安装要求

序号	元器件编号	元器件名称	安装要求	示意图
1	R1～R5	色环电阻器	① 水平或垂直方向卧式安装，色环从左往右或从上往下数。 ② 占五个孔位，紧贴万能板插装	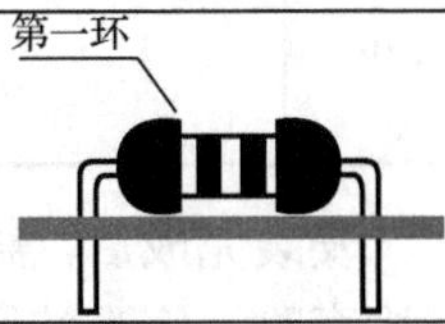
2	VD1～VD4	整流二极管	① 卧式安装，注意正负极方向。 ② 占五个孔位，紧贴万能板插装	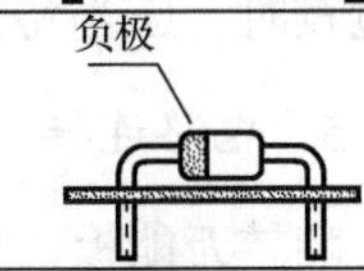
3	VT1	晶闸管	① 先按示意图成形，使引脚间距等于万能板孔距。 ② 立式安装，注意安装方向	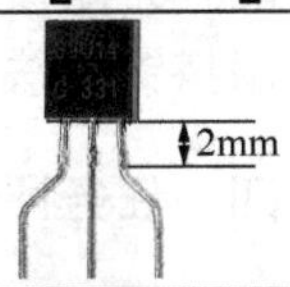
4	VT2	三极管	① 先按示意图成形，使引脚间距等于万能板孔距。 ② 立式安装，注意安装方向	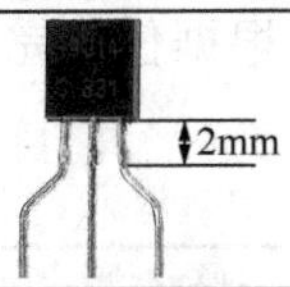
5	MIC	驻极体话筒	① 立式安装，注意正负极方向。 ② 占两个孔位，紧贴万能板插装	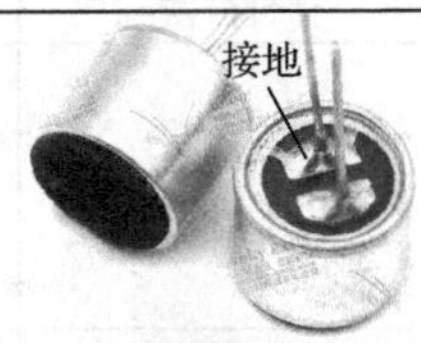
6	VD5	发光二极管	① 立式安装至引脚限位处，不要倾斜。 ② 注意正负极方向	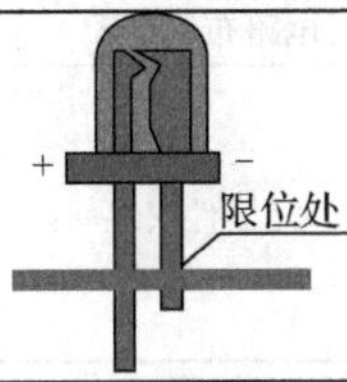
7	C1、C2	电解电容器	① 立式安装，不要倾斜，注意引脚正负极极性。 ② 元器件贴紧万能板插装	
8	J1	接线端子	① 立式安装，不要倾斜，接线孔朝外。 ② 元器件贴紧万能板插装	
9	RG	光敏电阻	① 立式安装，不要倾斜，引脚不分极性。 ② 下底面离万能板约 10mm（保证受光面不被遮挡）	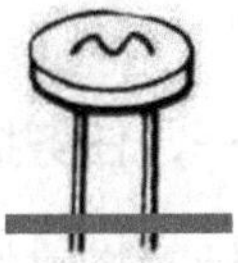

续表

序号	元器件编号	元器件名称	安装要求	示意图
10	L	灯泡	① 卧式安装，预先用废弃引脚将两连接端引出。 ② 占五个孔位，紧贴万能板插装	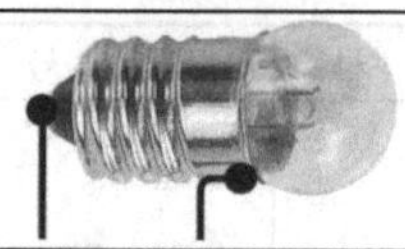

安装完成后，需要对所有元器件安装的正确性和质量进行检查，发现问题及时调整。在检查时，应当特别注意有极性的元器件是否装反。

5. 电路连接

翻转万能板，根据装配图用剪下的电阻引脚或镀锡后的细铜线焊接好电路。此外，也可用搭锡方法连接电路。

四、任务评价

根据任务完成质量，填写声光控延时电路搭建评价表（表 7-4）。

表 7-4　声光控延时电路搭建评价表

评价内容	配分	评分标准	评分
元器件识别与检测	20	未按要求检查、清点元器件，在搭建过程中发现元器件有遗漏或缺陷的，每个元器件扣 2 分	
		未填写“清点结果”，一处扣 1 分	
		识别与检测表，错一处扣 2 分	
电路布局设计	20	装配图设计不合理、不规范，一处扣 2 分	
元器件安装	30	灯泡连接线焊接不符合要求，扣 2 分	
		元器件成形不符合工艺要求，一处扣 2 分	
		元器件插装不符合工艺要求，一处扣 2 分	
		焊点缺陷，一处扣 1～2 分	
电路连接	20	不符合工艺要求，一处扣 2 分	
安全文明操作	10	在电路安装过程中符合安全文明操作要求，违反一项扣 2 分	
总分	100		

任务二　声光控延时开关电路的测试

一、任务描述

针对搭建的声光控延时开关电路，分析其工作原理并进行电路参数测试。

二、任务准备

工具准备：3mm 十字螺丝刀、数字万用表。

设备准备：12V 交流电源、示波器。

三、任务实施

1. 通电前检测

用万用表测量电源输入端口 J1 两接线端之间电阻为________（万用表型号为______，挡位为______）。

2. 电路功能调试

在确认输入电阻正常、元器件极性安装正确后，将实训台或变压器 12V 交流电源连接到万能板电源输入端 J1。

在实训室正常光照下，用螺丝刀柄轻敲或用嘴吹驻极体话筒，此时灯泡 L 应当不发光。当用黑胶带将光敏电阻器 RG 的受光面完全遮挡时，再用螺丝刀柄轻敲或用嘴吹驻极体话筒，灯泡应当点亮。当没有声响时，灯泡延时一段时间后熄灭。

在确认功能正常后，举手请教师或组长检查。

3. 电路测试

1）电位测试

按照要求测试电位，填写电位测试记录表（表 7-5）。

表 7-5 电位测试记录表

测试时工作条件	测试点电位测试值					
	C1 的正极	VT2 的 B 极	VT2 的 C 极	VT1 的 A 极	VT1 的 K 极	VT1 的 G 极
光敏电阻受光						
光敏电阻遮住，无声音信号						
光敏电阻遮住，有声音信号						

2）波形测试

在灯泡 L 点亮时，用示波器观察 VD1 阴极的波形，并将波形及相关参数记录在波形测量记录表（表 7-6）中。

表 7-6 波形测量记录表

波形	波形参数值	
	峰峰值	垂直偏转系数
	周期	水平偏转系数

4. 电路分析

（1）本电路中所用光敏电阻的暗电阻________（高/低），亮电阻________（高/低）。

（2）在周围有光线照射时，光敏电阻的阻值较________（高/低），三极管 VT2 的集电极电位被拉低，此时电路即使接收到声音信号，也无法将其传送到晶闸管 VT1 的控制端。在夜间，光敏电阻的阻值____________（升高/降低），对 VT2 解除了钳位作用，当有声响时，控制信号触发晶闸管____________（导通/截止），灯泡点亮。

四、任务评价

根据任务完成质量，填写声光控延时开关电路测试评价表（表 7-7）。

表 7-7 声光控延时开关电路测试评价表

评价内容	配分	评分标准	评分
通电前检测	10	能够正确检测电路输入电阻	
电路功能调试	20	能够按要求选择电源，并将电源正确连接到万能板上（5 分）	
		光敏电阻受光时灯泡不亮（5 分）	
		光敏电阻遮住，有声音信号时灯泡能够点亮（5 分）	
		没有声响时，点亮的灯泡延时一段时间后自动熄灭（5 分）	
电路测试	50	按照要求完成相关电位测试，并规范填写测试结果，错一处扣 5 分	
		按照要求完成相关波形测试，并规范绘制波形（8 分）	
		按照要求完成相关波形测试，并规范记录波形相关参数，每个参数 3 分	
电路分析	10	按照要求完成电路分析，错一处扣 2 分	
安全文明操作	10	在电路安装过程中符合安全文明操作要求，违反一项扣 2 分	
总分	100		

知识探究

一、声光控延时开关电路工作原理

图 7-2 所示的声光控延时开关电路具有声控、光控和延时功能。在光线充足环境下，灯泡不亮。当光线较暗且有一定强度声音触发时，灯泡点亮一段时间后自动熄灭。声光控延时开关电路工作原理如下。

12V 交流电通过灯泡经 VD1～VD4 整流为脉动直流电，经过 R1 限流降压、发光二极管 VD5 稳压、C1 滤波后输出约 1.8V 的直流电给控制电路供电。电路不仅巧妙利用发光二极管 VD5 正向压降稳压，同时还利用其发光特性作为待机指示。控制电路由 R2、R3、R4、R5、驻极体话筒 MIC、C2、VT2 及光敏电阻 RG 组成。当环境光线充足时，光敏电阻的阻值远小于 R4 的阻值，VT2 的集电极始终处于低电位，晶闸管因无触发电压而关断，灯泡不亮。在夜间，光敏电阻的阻值上升至约 1MΩ，对 VT2 解除了钳位作用，但此时 VT2 处于饱和状态，如果无声响，那么 VT2 的集电极仍为低电位，晶闸管仍处于关断状态，灯泡不亮。拍手时，话筒接收到声音信号，正极电位降低，因 C2 两端电压不能突变，使 VT2 的基极电位被迅速拉低至负值，迫使 VT2 由饱和导通状态变为截止状态，电源通过 R4、R5 给晶闸管 VT1 控制极提供触发电压，使晶闸管导通，等效于开关闭合，串联在其回路的灯泡点亮。VT1 导通后，其阳极和阴极间压降大幅下降，C1 两端电压也随之降低，使话筒上压降和 VT2 基极电位在声音信号消失后虽然有所回升，但是不足以使 VT2 导通。此时，C2 的正极为高电位，负极为低电位，C1 上的电压通过 R3 给 C2 反向充电（实为 C2 放电），使 VT2 基极电位逐渐回升，直至 VT2 饱和导通。VT2 饱和导通后，集电极电位下降至接近 0V，晶闸管控制极失去有效触发电压，晶闸管关断，灯泡熄灭。改变 C2 大小可以改变灯泡延时熄灭时间。

二、晶闸管

晶闸管的主要优点是能以小功率信号控制大功率系统，可作为弱电与强电的接口。晶闸管主要用于可控整流、交流调压、电子开关和逆变等。

表 7-8 为小型常用晶闸管数据。

表 7-8　小型常用晶闸管数据

型号	$I_{T(RMS)}$ / A	V_{RRM} /V	I_{GT} / mA		I_H / mA	V_{GT} / V	SCRS/TRIACS	封装
			最小	最大				
MCR100-6	0.8	400	0.04	0.2	5		SCRS	TO-92
BT151-600E	8	600		15	20	1.75	SCRS	TO-220
97A6	0.8	400		10	5		TRIACS	TO-92
PCR406	0.8	400					SCRS	TO-92
BT136-600E	4	600		25			TRIACS	TO-220
2P4M	2	400		0.5	5		SCRS	TO-202
2P6M	2	600		0.8	5		SCRS	TO-202

主要参数及术语说明如下。

$I_{T(RMS)}$：平均电流；V_{RRM}：反向重复峰值电压；I_{GT}：门极触发电流；I_H：维持电流；V_{GT}：门极触发电压；SCRS：单向晶闸管；TRIACS：双向晶闸管；Cathode/K：阴极或负极；Anode/A：阳极或正极；Gate/G：门极或控制极；T1/A1：第一端子或第一阳极；T2/A2：第二端子或第二阳极。

图 7-4 所示为实训套件中常用晶闸管引脚示意图。

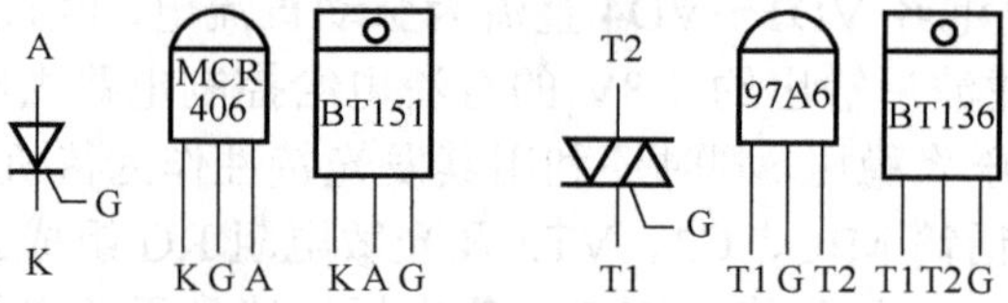

图 7-4　晶闸管引脚示意图

三、驻极体话筒

驻极体话筒是一种利用驻极体材料制成的电容式话筒，能将微弱的声音振动转换为微小脉动电信号的设备。它的突出特点是体积小、重量轻、结构简单、使用方便、寿命长、频率响应范围宽、灵敏度高且价格低廉，因而被广泛应用于录音机、无线话筒、声控开关、手机、电话机、语音识别系统等电子产品中。图 7-5 所示为常用驻极体话筒实物图。

图 7-5　驻极体话筒实物图

驻极体话筒主要由声电转换和阻抗变换两部分组成，其结构如图 7-6 所示。

驻极体话筒在使用时要注意识别引脚极性。驻极体话筒的引脚识别方法很简单，无论是直插式、引线式还是焊脚式，其底面一般均是印制电路板，如图 7-7 所示。印制电路板上面有两部分敷铜的驻极体话筒，与金属外壳相通的敷铜为“接地端”，另一部分敷铜为“电源/信号输出端”（有“漏极 D 输出”和“源极 S 输出”之分）。印制电路板上面有三部分敷铜的驻极体话筒，除了与金属外壳相通的敷铜仍为“接地端”外，其余两部分敷铜分别为“S 端”和“D 端”。

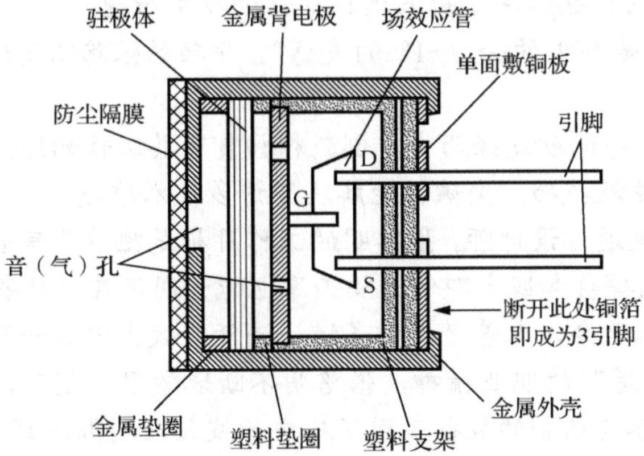

图 7-6　驻极体话筒的结构

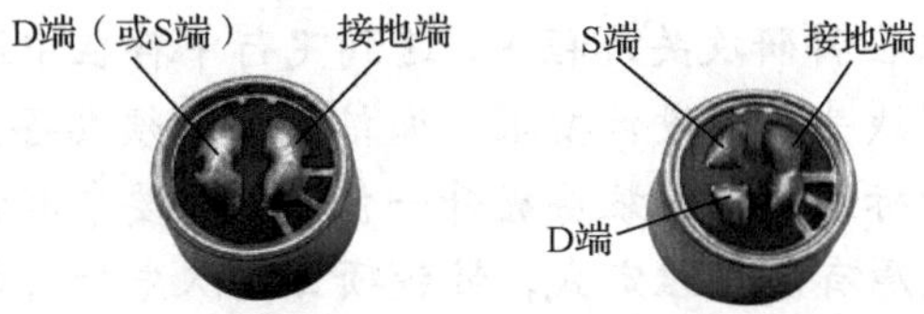

（a）两端式　（b）三端式

图 7-7　驻极体话筒的引脚识别

2021 年“大国工匠年度人物”张路明

广州海格通信集团股份有限公司主任专家张路明是我国无线通信领域公认的技术专家，他主导研发了我国四代短波通信产品，解决了边海防通信难题，并助力新一代战斗机、新一代通信网络等重点项目、重大工程建设，为我国无线通信技术的发展与进步贡献了自己的青春和汗水。

2022 年 3 月 2 日，张路明当选“2021 年度大国工匠”，成为广东省唯一获此殊荣的职工。

1984 年夏天，张路明参加工作。彼时，改革开放的春风正拂过南粤大地。为了突破发展瓶颈，使产品快速赶上国际先进水平，国营七五〇厂（海格通信公司前身）决定由张路明所在团队开展研究与创新工作。

在单板调试过程中，频合指标一直无法满足整机需求。为了解决这个“卡脖子”难题，张路明带领团队夜以继日摸索、攻坚。有一天，张路明在实验室进行技术攻关时，窗外一群鸟儿忽然从电线杆上飞走，吸引了他的目光。他注意到电线和电线杆之间有一块陶瓷绝缘连接件，于是灵感迸发，转换思路，不再囿于改进印制板材料本身，转而在印制板和关键器件间增加高性能绝缘材料，终于使这一瓶颈问题得到了完美解决。这一款短波电台也解决了短波远程通信的技术难题。

“天才，往往就是99%的努力+1%的灵感”。年轻的张路明发现，所有的灵感其实都来自不懈的努力。

在张路明近 40 年的研发经历中，创新精神贯穿其工作始终。张路明常有与众不同的创新思想、方法及技巧，突破性地解决了许多技术难题。

作为一名无线电通信设计师，张路明的工作目标是把承载声音的无线电波高保真地发送、接收，让指挥员和战士即使远隔山海也能如同近在咫尺般地迅速交流。从 20 世纪 80 年代初入职至今，本着“我们多流一滴汗，战士少流一滴血”的责任担当和“以此为生，精于此道”的职业精神，张路明不断地学习、创新，并将各种技术融会贯通。张路明主导/参与研制的装备实现了从中长波频段到微波频段的全频段覆盖，包括中长波电台、短波电台、超短波电台、数字集群、北斗导航、卫星通信、智能终端、无人通信装备等。

我国某新型战斗机在科研攻关过程中，遇到飞行中存在中远距离无线通信效果不佳的难题。基于该新型战斗机的设计要求，通信装备必须具备更小、更轻、更强的特点。其中，抗震强度指标须比现役装备提升一倍以上，要求非常苛刻。在技术攻关过程中，张路明不断打破原有的思维定式，带领项目团队先后对超过 8 种实现形式的机载通信设备进行对比试验，在此期间共开展试验上百次，最终选出了最佳实现方案。在产品成型期，张路明继续带领项目团队在全国范围内开展了多次上机性能对比试验和试飞通信试验。艰苦奋斗换来的是收获的喜悦。通过采用新技术，项目团队新研发的机载通信装备的体积不仅缩减为常规地面装备的 20%，而且功耗更低、性能更优，完美地解决了新型战斗机因特殊功能设计而导致的无线通信难问题。

（资料来源：根据网络资料整理）

项目八　九路自复位流水灯电路的装配与测试

项目初识

流水灯是在控制系统的控制下按照设定的顺序和时间点亮和熄灭并形成一定视觉效果的一组灯，因其具有简易轻巧、绚丽多彩的特点，常安装在店面、招牌、建筑物上，让门面或建筑在夜间变得更加美观，更能吸引路人的眼球。图 8-1 所示为常见流水灯实物图。

图 8-1　常见流水灯实物图

项目目标

1. 了解九路自复位流水灯的工作原理。
2. 掌握九路自复位流水灯的安装工艺要求。
3. 掌握九路自复位流水灯的测试方法。

任务一　九路自复位流水灯电路的装配

一、任务描述

识读自复位流水灯电路图，识别和检测相关元器件，按工艺要求装配电路。

二、任务准备

工具准备：电烙铁、镊子、斜口钳、3mm 一字螺丝刀、3mm 十字螺丝刀、数字万用表。

材料准备：电路所需元器件、印制电路板、焊锡丝。

三、任务实施

1. 电路图识读

对照九路自复位流水灯电路图（图 8-2），结合“知识探究”部分相关知识，分析九路自复位流水灯电路的组成、工作原理及各部分元器件的作用。

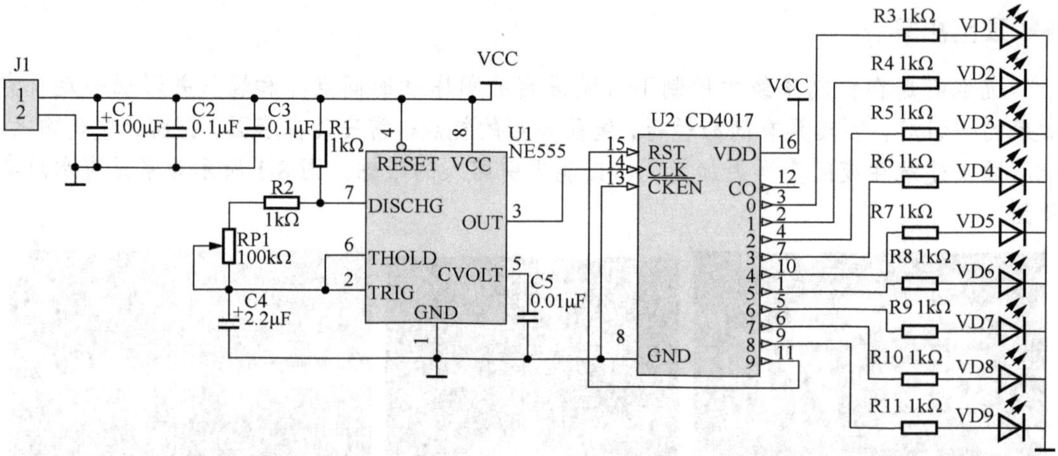

图 8-2　九路自复位流水灯电路图

2. 元器件识别与检测

根据九路自复位流水灯电路所需器材清单（表 8-1）、清点元器件数量，目测元器件及电路板有无缺陷，也可用万用表对元器件进行测量。确认正常后在“清点结果”栏打“√”，并填写九路自复位流水灯电路元器件识别与检测记录表（表 8-2）。

表 8-1　九路自复位流水灯电路所需器材清单

序号	元器件名称	规格	元器件编号	数量	清点结果
1	色环电阻器	1kΩ、1/4W	R1～R11	11	
2	可调电阻器	蓝白、100kΩ	RP1	1	
3	电解电容器	25V-100μF	C1	1	
4	瓷片电容器	0.1μF	C2、C3	1	
5	电解电容器	25V-2.2μF	C4	1	
6	瓷片电容器	0.01μF	C5	1	
7	发光二极管	5mm、红	VD1～VD9	9	
8	集成块	DIP-8-NE555	U1	1	
9	集成块	DIP-16-CD4017	U2	1	
10	IC 座	DIP8		1	
11	IC 座	DIP16		1	

续表

序号	元器件名称	规格	元器件编号	数量	清点结果
12	接线端子	KF301-2P 5.0	J1	1	
13	印制电路板	配套		1	

表 8-2　九路自复位流水灯电路元器件识别与检测记录表

元器件名称	识别及检测内容			
电阻器	位号	色环	标称值及误差	实测阻值
	R1			
电容器	位号	标称容量	标称耐压	实测容量
	C4			
发光二极管	位号	正向压降	引脚示意图	
	VD1			
集成块	位号	外观标识	引脚示意图	
	U1			

3. 元器件安装

对照电路图、器材清单和印制电路板上的标识，装配、焊接元器件，并用斜口钳将电路板反面多余引脚剪去（留头长度在 0～0.5mm 之间）。

需要特别注意以下要求：

（1）色环电阻器需要先将其引脚按电路板安装孔位置成形，再插装到印制电路板上。

（2）元器件的插装应当遵循“先小后大、先低后高、先里后外”的原则。对于有极性的元器件，要特别注意其安装方向，不能装反。

（3）对于需要贴紧电路板安装的元器件，在焊接时需要用手对电路板稍加压力以保证元器件与电路板之间不留缝隙。

（4）双脚元器件先焊一只引脚，三脚元器件先焊中间引脚，确认焊接到位平整后再焊剩余引脚。

（5）焊接时，元器件的引脚和印制电路板上的焊盘要形成良好的浸润。焊点形状内凹、表面光滑圆润，大小刚好铺满焊盘，爬锡高度在基板面上起约 1.5mm 处。

元器件的具体安装要求见表 8-3。

表 8-3　元器件安装要求

序号	元器件编号	元器件名称	安装要求	示意图
1	R1～R11	色环电阻器	① 水平或垂直方向卧式安装，色环从左往右或从上往下数。 ② 电阻体居于两焊盘中央位置，并与印制电路板面完全接触	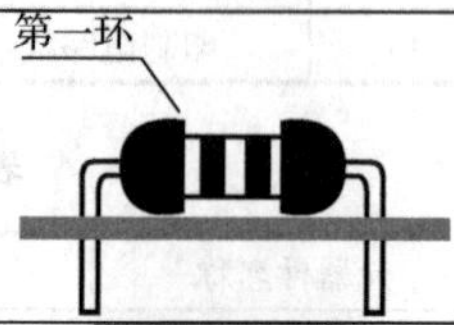
2	U1、U2	集成块	① 将 IC 座紧贴电路板插装、焊接，注意安装方向。 ② 电路板所有元器件安装完成后，将集成块引脚向内稍折，按引脚顺序对应插入 IC 插座，注意插到位，集成块居于 IC 座中央位置，并与 IC 座平行	
3	C2、C3、C5	瓷片电容器	① 立式安装，引脚不分极性，但标识面不能遮挡。 ② 电容体居于两焊盘中央位置，并且金属引脚在板面清晰可见（一般离开印制电路板 1～2mm 安装焊接）	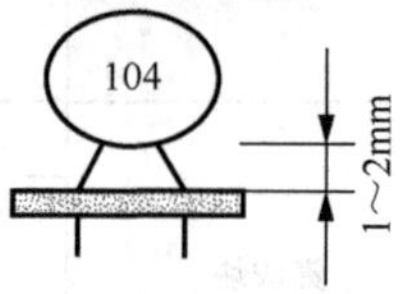
4	RP1	可调电阻器	① 立式安装，不要倾斜，注意安装方向。 ② 元器件贴紧电路板插装	
5	J1	接线端子	① 立式安装，不要倾斜，接线孔朝外。 ② 元器件贴紧电路板插装	
6	VD1～VD9	发光二极管	① 立式安装至引脚限位处，不要倾斜。 ② 注意正负极方向	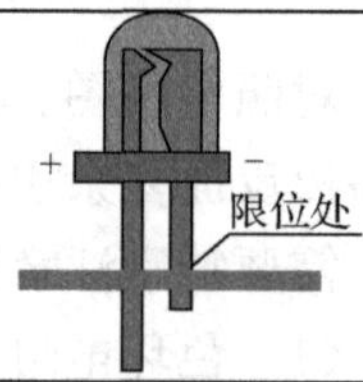
7	C1、C4	电解电容器	① 立式安装，不要倾斜，注意引脚正负极极性。 ② 元器件贴紧电路板插装	

安装完成后，需要对所有元器件安装的正确性和质量进行检查，发现问题及时调整。在检查时，特别注意有极性的元器件是否装反。

四、任务评价

根据任务完成质量，填写九路自复位流水灯电路装配评价表（表 8-4）。

表 8-4 九路自复位流水灯电路装配评价表

评价内容	配分	评分标准	评分
元器件识别与检测	20	未按要求检查、清点元器件，在装配过程中发现元器件有遗漏或缺陷的，每个元器件扣 2 分	
		未填写“清点结果”，一处扣 1 分	
		识别与检测表，错一处扣 2 分	
元器件安装	40	有极性的元器件方向装反，一处扣 5 分	
		元器件成形不符合工艺要求，一处扣 2 分	
		元器件插装不符合工艺要求，一处扣 2 分	
元器件焊接	30	漏焊、假焊、虚焊、连焊等，一处扣 2 分	
		焊点不光滑圆润、有毛刺、不干净等，一处扣 1 分	
		有烫伤、焊盘脱落等，一处扣 3 分	
		电路板上残留焊锡、引脚等，一处扣 2 分	
		修剪引脚不符合工艺要求，扣 1～3 分	
安全文明操作	10	在电路安装过程中符合安全文明操作要求，违反一项扣 2 分	
总分	100		

任务二 九路自复位流水灯电路的测试

一、任务描述

针对搭建的九路自复位流水灯电路，分析其工作原理，对电路参数进行调试和测量。

二、任务准备

工具准备：电烙铁、数字万用表。
设备准备：5V 直流电源、示波器。

三、任务实施

1. 通电前检测

用万用表测量电源输入端口 J1 两接线端之间电阻为_________（万用表型号为______，挡位为______）。

2. 电路功能调试

在确认输入电阻正常、元器件极性安装正确后，将实训台 5V 直流电源连接到电路板电源输入端 J1，实现 9 个 LED 灯循环流水发光，通过调整可调电阻器 RP1 调节流水速度。

在确认功能正常后，举手请教师或组长检查。

3. 电路测试

1）电位测试

将可调电阻器 RP1 顺时针调到底，按照要求测试电位，完成电位测试记录表（表 8-5）。

表 8-5 电位测试记录表

引脚	U1 的 1 脚	U1 的 4 脚	U1 的 5 脚	U1 的 8 脚	U2 的 8 脚	U2 的 16 脚
电位/V						

2）波形测试

调节 RP1，使流水灯每两秒循环一次。用示波器观察 U2 的 10 脚的波形，并将波形及相关参数记录在波形测量记录表（表 8-6）中。

表 8-6 波形测量记录表

波形	波形参数值	
	峰峰值	垂直偏转系数
	周期	水平偏转系数

4. 电路分析

（1）本电路中，NE555 与外围电路组成____________，信号从________脚输出。

（2）调节可调电阻器 RP1 的阻值，当接入电路的阻值增大时，流水速度________（加快/减慢）。

（3）若可调电阻器 RP1 开路，则电路中的 LED 灯____________（都亮/只亮一个/都不亮）。

（4）若电容器 C4 容量增大，则 NE555 第 3 脚输出波形的频率________（增大/减小/不变）。

四、任务评价

根据任务完成质量，填写九路自复位流水灯测试评价表（表 8-7）。

表 8-7　九路自复位流水灯测试评价表

评价内容	配分	评分标准	评分
通电前检测	10	能够正确检测电路输入电阻	
电路功能调试	20	能够按要求选择电源，并将电源正确连接到电路板上（5 分）	
		9 个 LED 灯能够循环流水发光（10 分）	
		调整可调电阻器 RP1，可以调节 LED 灯流水速度（5 分）	
电路测试	50	按照要求完成相关电位测试，并规范填写测试结果，错一处扣 5 分	
		按照要求完成相关波形测试，并规范绘制波形（8 分）	
		按照要求完成相关波形测试，并规范记录波形相关参数，每个参数 3 分	
电路分析	10	按照要求完成电路分析，错一处扣 5 分	
安全文明操作	10	在电路安装过程中符合安全文明操作要求，违反一项扣 2 分	
总分	100		

知识探究

一、九路自复位流水灯电路工作原理

图 8-2 所示的九路自复位流水灯电路由时钟发生电路和功能显示电路两部分组成，可控制 9 个 LED 灯循环流水发光，并且流水速度可以调节。

NE555 及外围电路组成多谐振荡器，振荡频率主要由 R1、R2、RP1 和 C4 决定，调节 RP1 可以改变振荡频率。振荡信号从 NE555 的 3 脚输出，送到 CD4017 的计数器输入端（14 脚），每收到一个脉冲，计数器的 C0～C9 输出的高电平依次移动一位，点亮对应的 LED，从而产生流水的感觉。将 C9 与复位端相连，可以起到自动复位作用，即计满后又从头开始计数，从而让电路不断循环工作。整个电路可以采用 3～9V 直流供电。

二、十进制计数器/脉冲分配器 CD4017

CD4017BC 是五位十进制约翰逊计数器，具有 10 个译码输出端和 1 个进位输出端。RESET 高电平复位，复位后输出低电平。当时钟使能（CLOCK ENABLE）为低电平时，计数器在 CLOCK 上升沿计数。每个译码输出端保持一个时钟周期的高电平。每十个时钟周期“CARRY OUT”信号完成一次进位，此信号可用作多级计数器的下级脉冲信号。CD4017 逻辑图如图 8-3 所示。CD4017 时序图如图 8-4 所示。

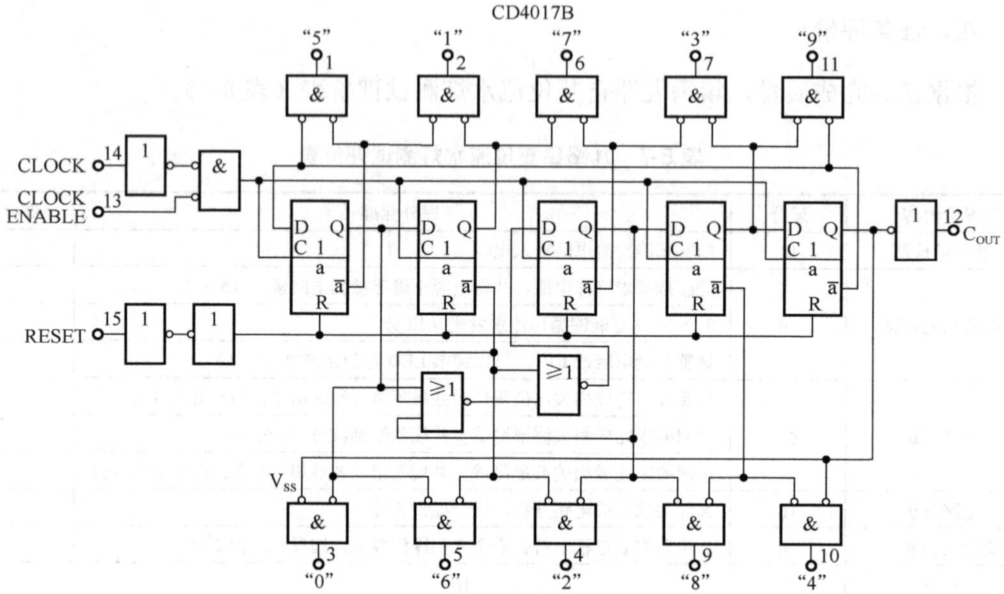

图 8-3　CD4017 逻辑图

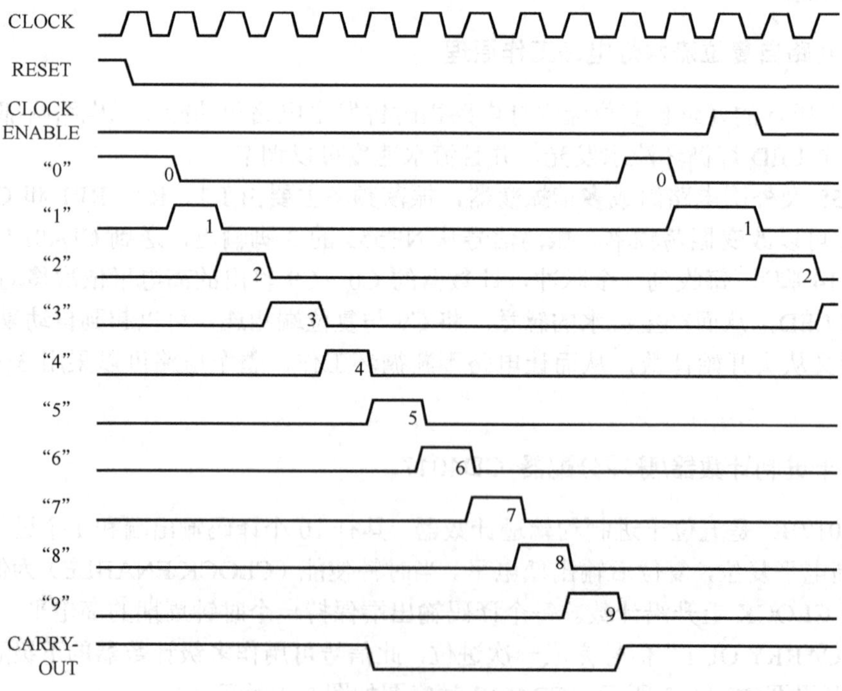

图 8-4　CD4017 时序图

CD4017 可以直接用作顺序脉冲发生器（时序脉冲分配器）。

做一束永远向前的电流

拿下中国汽车工业科技进步奖一等奖、北京市科学技术二等奖，连续两年获得“中国心”新能源汽车动力系统最高奖项，打造全球首款乘用车无模组动力电池，攻克全地形越野模式开发难题……八年来，全国劳动模范、北汽新能源工程研究院副院长代康伟带领团队一直在新能源汽车的“三电”（电驱动、电池、电控）核心技术领域奔跑、攀登。

2008 年，代康伟加入北汽集团，成为当时为数不多“科班出身”的新能源汽车开发工程师。2013 年，她开始专注纯电动乘用车的研发。

在完成整车控制器、电池管理系统开发后，她带领的三电团队面临一道重要选择题——电动机控制器是自主开发，还是找供应商开发？“如果我们这次不努力，以后就连努力的机会都没有了。”在核心技术研发方面，代康伟带领团队作出了关键抉择。

然而，在向山顶攀登的道路上，挑战只会越来越大。随着电动汽车升级，电子零部件越来越多，一旦高安全等级控制器失效，就将产生无法估量的事故风险。代康伟敏锐地认识到功能安全技术在未来电动汽车发展中的关键作用，决定在国内率先立项启动研发。

代康伟回忆道：“就像当初我们做电控系统一样，一切从零开始。”“没有可以借鉴的整车功能安全风险评估经验，没有三电功能安全系统设计方案，没有支撑开发的工具链和芯片……”

在国内找不到同行者，代康伟就直接找到最权威的认证机构——德国莱茵集团，与其共同探讨电动汽车功能安全的标准与认证问题。在代康伟的推动下，双方签署了战略协议，成就了一段合作佳话。北汽新能源成为国内唯一一家完整自主掌握电动化功能安全产品及流程技术的整车企业。

2020 年 10 月 28 日，北汽新能源又一次登上中国汽车工业科学技术奖的领奖台。由该公司独立完成并申报的“电动汽车三电平台关键技术与产业化”项目，获得了中国汽车工业科技进步奖一等奖。

这是对代康伟带领的三电团队的肯定。电动汽车开发技术不断迭代，在这个领域永远没有成熟经验可以参考。代康伟定义目标的方法就是问自己：“如果我是一名消费者，我会想要什么样的性能呢？油车已经做到的，电车做到了没有？”

秉持这样的理念，她带领团队不断向前：完成高性能动力总成开发项目；通过系统集成创新显著提升能量密度性能指标，增加续航里程；通过对动力电池热管理的精准管控，延长电池寿命……

十二年来，代康伟从一名大学毕业生成长为带领 500 多名研发工程师的三电技术带头人。“只有在发展新能源汽车的国家战略指引下，在一个重视研发和创新的企业里，才会有我和三电团队的成长。”成为全国劳动模范后，代康伟觉得自己的担子更重、责任更大，她说：“我要以更好的业绩回报北汽，回报国家。”

（资料来源：根据网络资料整理）

项目九 电动机调速控制电路的装配与测试

项目初识

直流电动机不仅具有低转速、大力矩的特点，还具有良好的启动性能和调速性能，这是交流电动机无法取代的，因而广泛应用于指纹锁、电动自行车、地铁列车、大型精密机床、大型起重机、工业机器人等自动化设备中。在直流电动机实际应用中，除了少部分设备恒速运行外，大部分设备需要利用调速控制电路对直流电动机转速进行控制。图 9-1 所示为应用了电动机调速控制电路的电动自行车。

图 9-1 应用了电动机调速控制电路的电动自行车

项目目标

1. 了解电动机调速控制电路的工作原理。
2. 掌握电动机调速控制电路的安装工艺要求。
3. 掌握电动机调速控制电路的测试方法。

任务一 电动机调速控制电路的装配

一、任务描述

识读电动机调速控制电路，识别和检测相关元器件，按工艺要求装配电路。

二、任务准备

工具准备：电烙铁、镊子、斜口钳、3mm 一字螺丝刀、3mm 十字螺丝刀、数字万用表。

材料准备：电路所需元器件、印制电路板、焊锡丝。

三、任务实施

1. 电路图识读

对照电动机调速控制电路图（图 9-2），结合“知识探究”部分相关知识，分析电动机调速控制电路的组成、工作原理及各部分元器件的作用。

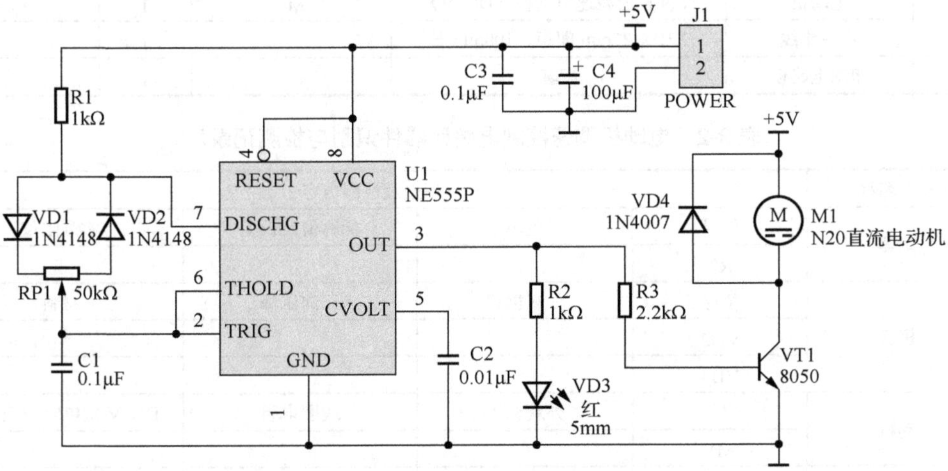

图 9-2　电动机调速控制电路图

2. 元器件识别与检测

根据电动机调速控制电路所需器材清单（表 9-1）清点元器件数量，目测元器件及电路板有无缺陷，也可用万用表对元器件进行测量。确认正常后在“清点结果”栏打“√”，并填写电动机调速控制电路元器件识别与检测记录表（表 9-2）。

表 9-1　电动机调速控制电路所需器材清单

序号	元器件名称	规格	元器件编号	数量	清点结果
1	色环电阻器	1kΩ、1/4W	R1、R2	2	
2	色环电阻器	2.2kΩ、1/4W	R3	1	
3	可调电阻器	3296W-503，50kΩ	RP1	1	
4	瓷片电容器	0.1μF	C1、C3	2	
5	瓷片电容器	0.01μF	C2	1	
6	电解电容器	CD11-16V-100μF	C4	1	
7	二极管	DO-35-1N4148	VD1、VD2	2	
8	二极管	DO-41-1N4007	VD4	1	
9	发光二极管	5mm、红色	VD3	1	

续表

序号	元器件名称	规格	元器件编号	数量	清点结果
10	三极管	TO-92-8050	VT1	1	
11	集成块	DIP-8-NE555P	U1	1	
12	IC 座	DIP-8		1	
13	接线端子	KF301-2P 5.0	J1	1	
14	电动机	N20 直流减速电动机（DC5V）	M1	1	
15	彩色排线	2P、1.27mm 间距、100mm 长		1	
16	印制电路板	配套		1	

表 9-2　电动机调速控制电路元器件识别与检测记录表

元器件名称	识别及检测内容			
电阻器	位号	色环	标称值及误差	实测阻值
	R3			
二极管	位号	外观标识	正向压降	材料
	VD2			
	VD4			
电动机	位号	外观标识	线圈电阻	DC5V 供电时空载电流
	M1			
三极管	位号	外观标识	管型及β值	引脚示意图
	VT1			

3. 元器件安装

对照电路图、器材清单和印制电路板上的标识装配、焊接元器件，并用斜口钳将电路板反面多余引脚剪去（留头长度在 0～0.5mm 之间）。

需要特别注意以下要求：

（1）色环电阻器需要先将其引脚按电路板安装孔位置成型，再插装到印制电路板上。

（2）元器件的插装应当遵循“先小后大、先低后高、先里后外”的原则。对于有极性的元器件，要特别注意其安装方向。

（3）对于需要贴紧电路板安装的元器件，在焊接时需要用手对电路板稍加压力以保证元器件与电路板之间不留缝隙。

（4）双脚元器件先焊一只引脚；三脚元器件先焊中间引脚，在确认到位平整后再焊剩余引脚。

（5）焊接时，元器件的引脚和印制电路板上的焊盘要形成良好的浸润。焊点形状内凹、表面光滑圆润，大小刚好铺满焊盘，爬锡高度在基板面上起约 1.5mm 处。

元器件的具体安装要求见表 9-3。

表 9-3　元器件安装要求

序号	元器件编号	元器件名称	安装要求	示意图
1	VD1、VD2、VD4	二极管	① 卧式安装，注意正负极方向。 ② 紧贴电路板插装，元器件标识清晰可见	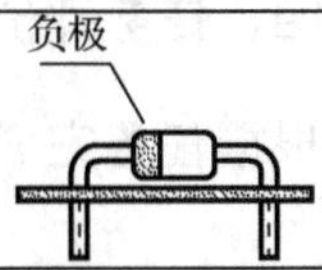
2	R1～R3	色环电阻器	① 水平或垂直方向卧式安装，色环从左往右或从上往下数。 ② 电阻体居于两焊盘中央位置，并与印制电路板面完全接触	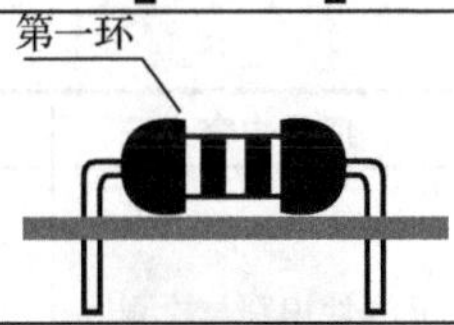
3	U1	集成块	① 将 IC 座紧贴电路板插装、焊接，注意安装方向。 ② 电路板所有元器件安装完成后，将集成块引脚向内稍折，按引脚顺序对应插入 IC 插座，注意插到位，集成块居于 IC 座中央位置，并与 IC 座平行	
4	C1～C3	瓷片电容器	① 立式安装，引脚不分极性，但标识面不能遮挡。 ② 电容体居于两焊盘中央位置，并且金属引脚在板面清晰可见（一般离开印制电路板 1～2mm 安装焊接）	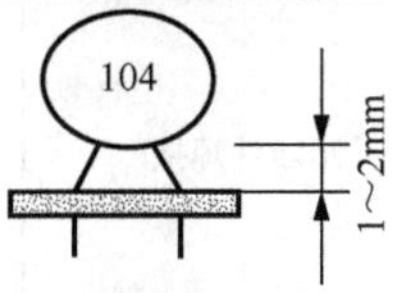
5	VT1	三极管	① 先按示意图成形，使引脚间距等于印制电路板孔距。 ② 立式安装，注意安装方向，管体居于三焊盘间中央位置	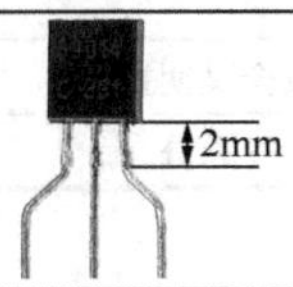
6	RP1	可调电阻器	① 立式安装，不要倾斜，注意安装方向。 ② 元器件贴紧电路板插装	
7	J1	接线端子	① 立式安装，不要倾斜，接线孔朝外。 ② 元器件贴紧电路板插装	
8	VD3	发光二极管	① 立式安装至引脚限位处，不要倾斜。 ② 注意正负极方向	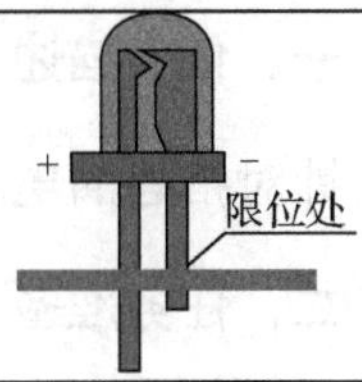
9	C4	电解电容器	① 立式安装，不要倾斜，注意引脚正负极极性。 ② 元器件贴紧电路板插装	
10	M1	电动机	① 注意极性，正极用红线，负极用黑线。 ② 连接线预先捻线镀锡，电动机接线端先镀锡，然后将连接线焊接到扬声器上，注意焊接时间不可过长	

安装完成后，需要对所有元器件安装的正确性和质量进行检查，发现问题及时调整。检查时，特别注意有极性的元器件不能接反。

四、任务评价

根据任务完成质量，填写电动机调速控制电路装配评价表（表 9-4）。

表 9-4　电动机调速控制电路装配评价表

评价内容	配分	评分标准	评分
元器件识别与检测	20	未按要求检查、清点元器件，在装配过程中发现元器件有遗漏或缺陷的，每个元件扣 2 分	
		未填写“清点结果”，一处扣 1 分	
		识别与检测表，错一处扣 2 分	
元器件安装	40	有极性的元器件方向装反，一处扣 5 分	
		元器件成形不符合工艺要求，一处扣 2 分	
		元器件插装不符合工艺要求，一处扣 2 分	
元器件焊接	30	漏焊、假焊、虚焊、连焊等，一处扣 2 分	
		焊点不光滑圆润、有毛刺、不干净等，一处扣 1 分	
		有烫伤、焊盘脱落等，一处扣 3 分	
		电路板上残留焊锡、引脚等，一处扣 2 分	
		修剪引脚不符合工艺要求，扣 1～3 分	
安全文明操作	10	在电路安装过程中符合安全文明操作要求，违反一项扣 2 分	
总分	100		

任务二　电动机调速控制电路的测试

一、任务描述

针对搭建的电动机调速控制电路，分析其工作原理，对电路参数进行调试和测量。

二、任务准备

工具准备：3mm 一字螺丝刀、3mm 十字螺丝刀、数字万用表。
设备准备：5V 直流电源、示波器。

三、任务实施

1. 通电前检测

用万用表测量电源输入端口 J1 两接线端之间电阻为_________（万用表型号为

______，挡位为______）。

2. 电路功能调试

在确认输入电阻正常、元器件极性安装正确后，将实训台 5V 直流电源连接到电路板电源输入端 J1。

将可调电阻器 RP1 调整到中间位置，观察电动机 M1 转动情况。当顺时针和逆时针调整 RP1 时，电动机转速随可调电阻器的调整而发生明显变化。

在确认功能正常后，举手请教师或组长检查。

3. 电路测试

1）电位测试

将可调电阻器 RP1 顺时针调到底，按照要求测试电位，填写电位测试记录表（表 9-5）。

表 9-5　电位测试记录表

引脚	U1 的 1 脚	U1 的 3 脚	U1 的 5 脚	U1 的 8 脚	VT1 的 B 极	VT1 的 C 极
电位/V						

2）波形测试

将可调电阻器 RP1 调整到中间位置，用示波器观察 VT1 的 B 极波形，并将波形及相关参数记录在波形测量记录表（表 9-6）中。

表 9-6　波形测量记录表

波形	波形参数值	
	峰峰值	垂直偏转系数
	周期	水平偏转系数

4. 电路分析

（1）U1 及外围电路组成______________电路。

（2）先将可调电阻器 RP1 逆时针调到底，再缓慢顺时针调整，观察电动机转速变化，同时用示波器观察 U1 的 3 脚的波形变化。可以发现：U1 的 3 脚输出脉冲的__________

（周期/占空比）随可调电阻器的调整而发生改变，但__________（周期/占空比）不变；__________（周期/占空比）越大，电动机转速越快。

（3）电路中二极管 VD4 为__________（整流/续流/稳压）二极管，为电路中电压电流突变时产生的反向电动势提供耗电通路，防止反向电动势对电路造成影响。

四、任务评价

根据任务完成质量，填写电动机调速控制电路测试评价表（表 9-7）。

表 9-7　电动机调速控制电路测试评价表

评价内容	配分	评分标准	评分
通电前检测	10	能够正确检测电路输入电阻	
电路功能调试	20	能够按要求选择电源，并将电源正确连接到电路板上（5 分）	
		调整 RP1，电动机转速应随 RP1 的调整发生明显变化（15 分）	
电路测试	50	按照要求完成相关电位测试，并规范填写测试结果，错一处扣 5 分	
		按照要求完成相关波形测试，并规范绘制波形（8 分）	
		按照要求完成相关波形测试，并规范记录波形相关参数，每个参数 3 分	
电路分析	10	按照要求完成电路分析，错一处扣 2 分	
安全文明操作	10	在电路安装过程中符合安全文明操作要求，违反一项扣 2 分	
总分		100	

知识探究

一、电动机调速控制电路工作原理

图 9-2 所示的电动机调速控制电路主要由脉冲发生电路和电动机驱动电路组成。

NE555 定时器与外围元件 R1、VD1、VD2、RP1 和 C1 组成占空比可调的脉冲发生电路（多谐振荡器），为电动机驱动电路提供占空比可调的脉冲信号。利用 VD1、VD2 的单向导电特性，将电容器 C1 的充电和放电回路隔离开，调节电位器 RP1，就可以调节输出脉冲的高电平和低电平之间的时间比例，即调节输出脉冲的占空比。

U1 的 3 脚输出占空比可调的脉冲信号，经 VT1 驱动，使电动机 M1 两端平均电压随 U1 输出脉冲占空比的变化而变化，从而达到调整电动机转速的目的。

二、直流减速电动机的用途分析

直流减速电动机广泛应用于钢铁、机械等行业。此外，在金融设备、办公设备、电子锁具、遥控玩具、精密仪器仪表、汽车、医疗器械、消费类电子产品、电动玻璃门窗等行业也都有应用。

直流减速电动机有多种规格型号的产品，可以满足不同行业的生产需要。它的主要用途和优点如下：

（1）结构简单：直流减速电动机的结构相对于其他减速电动机而言是简单的，使用起来方便快捷。

（2）启动转矩大：直流减速电动机的启动转矩相对较大，能够承受一定的负载，使其广泛应用于机器人、自动化生产线及重型机械等领域。

（3）速度调节方便：直流减速电动机可以通过调节电压来实现转速的调节，方便实用性强，特别适合一些需要精确控制转速的场合。

（4）运行稳定：由于直流减速电动机转速的调节跟电压的变化呈线性关系，因此工作时稳定性强，具有很高的运行精度。

（5）效率高：直流减速电动机通常具有较高的效率，比交流减速电动机更节能环保。

三、N20 减速电动机参数及用途

N20 减速电动机具有寿命长、转速精确等性能特征，在市场上受到广大用户喜爱与支持，也是企业使用较多的一个电动机系列。N20 减速电动机主要用于标签打印机、标签剥离机、条码打印机、机器人、电子门锁、电子监控器、美容仪器、自动售货机等。

N20 减速电动机在使用中要正确选择参数，否则无法实现其预期功能。N20 减速电动机参数如下。

① 电压：3V、4.5V、6V、12V。

② 转速：3～1000r/min。

③ 力矩：最大力矩为 70N • cm。

④ 外形尺寸：12mm×10mm×25mm。

⑤ 输出轴外径：3mm（输出轴长短可以根据客户要求设计）。

⑥ 输出轴可以加工成 M3 螺纹或 M4 螺纹。

⑦ 微型精密减速器：尺寸为 12mm×10mm。

⑧ 减速比：1/3、1/5、1/10、1/30、1/50、1/63、1/100、1/150、1/210、1/250、1/298、1/370、1/380、1/1000。

四、电动机脉宽调制控制转速原理

脉宽调制（pulse width modulation，PWM）技术是利用半导体开关器件的导通和关断把直流电压变成电压脉冲序列，并通过控制电压脉冲的宽度或周期，以达到改变等效输出电压的一种方法。电动机脉宽调制就是通过调制器给电动机提供一个具有一定频率的脉冲宽度可调的脉冲电压。脉冲宽度越大，占空比越大，提供给电动机的平均电压越大，电动机转速就越高；脉冲宽度越小，占空比越小，提供给电动机的平均电压越小，电动机转速就越低。

坚持创新发明，守护万家灯火

2020 年 11 月 24 日，2020 年全国劳动模范和先进工作者表彰大会在北京人民大会堂隆重举行。南方电网贵州兴义供电局输电五班班长龙福刚参加会议并接受表彰。

这次是他二度进京接受表彰。上一次进京接受表彰是在 2018 年 4 月。

三年内两次进京接受国家级表彰，龙福刚凭的是什么呢？

在龙福刚的办公室门口挂着“劳模创新工作室”和“龙福刚技术能手工作室”两块牌子。

他办公室的书架上摆满了各级荣誉证书，从“技术能手”到“行业道德标兵”再到“五一劳动奖章”“贵州工匠”等多达几十本。

1998 年，龙福刚从部队退伍后进入兴义供电局工作。22 年来，龙福刚一直保持着带电作业“零差错”“零事故”的记录。此外，他还喜欢创新发明，截至目前已拥有 16 项国家发明专利。他发明创造的产品在工作中得到了良好的应用，这让他先后获得贵州省“行业道德标兵”，南方电网公司“技术能手”“五一劳动奖章”“优秀共产党员”等称号。龙福刚 2018 年被中华全国总工会授予“全国五一劳动奖章”荣誉称号，2019 年享受国务院政府特殊津贴，如今他再添新誉，荣获国务院授予的“全国劳动模范”称号。

在龙福刚的办公室里，除了荣誉证书，还有一堆他创新发明改造的产品。

说起他的首次发明创造，时间要追溯到 2001 年。

那年，龙福刚第一次与老师傅一起登上 220 千伏的高塔更换绝缘子。虽然是军人出身，但在数十米高空作业，大风吹得身体来回摇晃，这时还要腾出双手安装工具，龙福刚心里有些恐惧，使尽浑身解数也没有更换成功。老师傅见状不得已亲自上阵，但也用了两个多小时才完成这项工作。

这件事后，龙福刚一直思考如何才能省时省力地完成这项工作。他到废铁回收站花了 5 块钱买回一块废铁，经过多次尝试，发明了承力座。

龙福刚说：“别小看这个铁疙瘩，我当初拿它往塔上一放，换绝缘子的时间就减少了 2/3。”

此后每逢上塔更换绝缘子，“铁疙瘩”便成了同事们的必备物件。看到自己的发明成果得到广泛应用，龙福刚创新发明的劲头一发不可收拾。

龙福刚发明改造的产品（承力座、拔销钳、TYK 卡具、折叠检修梯、登杆脚扣等）在工作中得到了很好的应用，他也因此被同事们称为“发明家”。

龙福刚的创新发明不仅提高了工作效率，还创造了不菲的经济价值，同时也为带电作业的同行们戴上了“安全帽”。

尽管已是光环满身，但龙福刚说，荣誉不会使他停下脚步，他将继续发扬勤奋工作、勇于创新、精益求精的“工匠精神”，在发明创造的路上继续前行。

（资料来源：根据网络资料整理）

项目十　超温声光报警电路的装配与测试

项目初识

现代化的养殖业、种植业对温度控制的要求很严格。例如，太阳能塑料大棚种植、养殖，发酵床养猪、养羊，红薯育苗等通常要求温度不能超过一定限值。超温声光报警电路能够实时监测温度，一旦超出限值，就立即发出报警信号，提醒工作人员及时采取措施，避免造成损失。图 10-1 所示为常见的超温声光报警器实物图。

图 10-1　常见的超温声光报警器实物图

项目目标

1. 了解超温声光报警电路的工作原理。
2. 掌握超温声光报警电路的安装工艺要求。
3. 掌握超温声光报警电路的测试方法。

任务一　超温声光报警电路的装配

一、任务描述

识读超温声光报警电路图，识别和检测相关元器件，按工艺要求装配电路。

二、任务准备

工具准备：电烙铁、镊子、斜口钳、3mm 一字螺丝刀、3mm 十字螺丝刀、数字万用表。

材料准备：电路所需元器件、印制电路板、焊锡丝。

三、任务实施

1. 电路图识读

对照超温声光报警电路图（图 10-2），结合“知识探究”部分相关知识，分析超温声光报警电路的组成、工作原理及各部分元器件的作用。

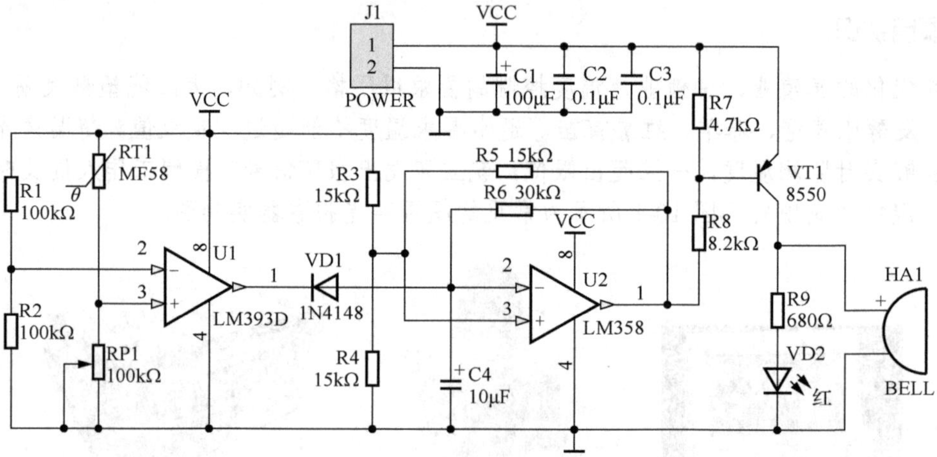

图 10-2　超温声光报警电路图

2. 元器件识别与检测

根据超温声光报警电路所需器材清单（表 10-1），清点元器件数量，目测元器件及电路板有无缺陷，也可用万用表对元器件进行测量。确认正常后在“清点结果”栏打“√”，并填写超温声光报警电路元器件识别与检测记录表（表 10-2）。

表 10-1　超温声光报警电路所需器材清单

序号	元器件名称	规格	元器件编号	数量	清点结果
1	贴片电阻器	0805-100kΩ	R1、R2	2	
2	贴片电阻器	0805-15kΩ	R3、R4、R5	3	
3	贴片电阻器	0805-30kΩ	R6	1	
4	贴片电阻器	0805-4.7kΩ	R7	1	
5	贴片电阻器	0805-8.2kΩ	R8	1	
6	贴片电阻器	0805-680Ω	R9	1	
7	可调电阻器	蓝白-100kΩ	RP1	1	
8	热敏电阻	MF58、B 值 3950、100kΩ	RT1	1	
9	电解电容器	CD11-16V-100μF	C1	1	
10	贴片电容器	0805-0.1μF	C2、C3	2	

续表

序号	元器件名称	规格	元器件编号	数量	清点结果
11	电解电容器	CD11-16V-10μF	C4	1	
12	二极管	DO-35-1N4148	VD1	1	
13	发光二极管	5mm、红色	VD2	1	
14	三极管	TO-92-8550	VT1	1	
15	集成块	DIP-8-LM393D	U1	1	
16	集成块	DIP-8-LM358	U2	1	
17	蜂鸣器	5V 有源蜂鸣器	HA1	1	
18	IC 座	DIP-8		2	
19	接线端子	KF301-2P 5.0	J1	1	
20	印制电路板	配套		1	

表 10-2　超温声光报警电路元器件识别与检测记录表

元器件名称	识别及检测内容			
电阻器	位号	外观标识	标称阻值	实测阻值
	R3			
二极管	位号	外观标识	正向压降	引脚示意图
	VD1			
	VD2	—		
热敏电阻	位号	RT1	室温下实测电阻	
三极管	位号	外观标识	管型及β值	引脚示意图
	VT1			

3. 元器件安装

对照电路图、器材清单和印制电路板上的标识装配、焊接元器件，并用斜口钳将电路板反面多余引脚剪去（留头长度在 0～0.5mm 之间）。

需要特别注意以下要求：

（1）先安装焊接贴片元器件，再安装直插元器件。

（2）元器件的插装应当遵循“先小后大、先低后高、先里后外”的原则。对于有极性的元器件，要特别注意其安装方向，不能装反。

（3）本任务所用印制电路板为双面板，焊接直插元器件时，熔融的焊料不仅要浸润焊盘上方，还需要渗透到金属化孔内，将两面的焊盘位及通孔内面 100%覆盖，如图 10-3 所示。

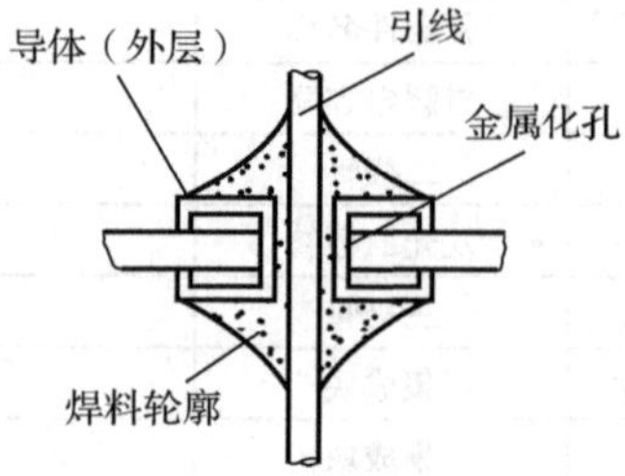

图 10-3　双面板直插元器件焊点示意图

（4）贴片元器件应当平贴板面，焊点光滑无毛刺、略呈弧状，焊锡高度应当超过焊端高度的 2/3，但不应超过焊端高度。

元器件的具体安装要求见表 10-3。

表 10-3　元器件安装要求

序号	元器件编号	元器件名称	安装要求	示意图
1	R1～R9	贴片电阻器	① 水平或垂直方向卧式安装，标识读数从左往右或从上往下读取。 ② 电阻体平贴板面，居于两焊盘中央位置	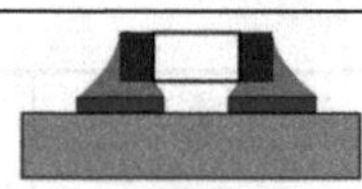
2	C2、C3	贴片电容器	① 水平或垂直方向卧式安装，标识读数从左往右或从上往下读取。 ② 电容体平贴板面，居于两焊盘中央位置	
3	VD1	二极管	① 卧式安装，注意正负极方向。 ② 紧贴电路板插装，元件标识清晰可见	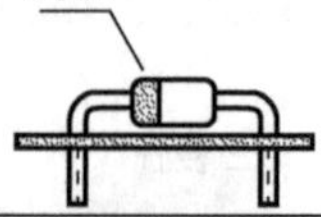
4	U1、U2	集成块	① 将 IC 座紧贴电路板插装、焊接，注意安装方向。 ② 电路板所有元器件安装完成后，将集成块引脚向内稍折，按引脚顺序对应插入 IC 插座，注意插到位，集成块居于 IC 座中央位置，并与 IC 座平行	
5	RT1	热敏电阻	① 卧式安装，不要倾斜，引脚不分极性。 ② 下底面离印制电路板约为 5mm	
6	VT1	三极管	① 先按示意图成形，使引脚间距等于印制电路板孔距。 ② 立式安装，注意安装方向，管体居于三焊盘间中央位置	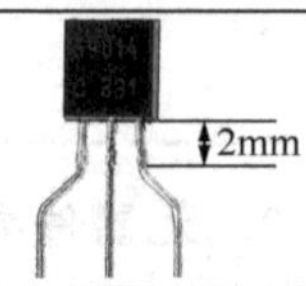
7	RP1	可调电阻器	① 立式安装，不要倾斜，注意安装方向。 ② 元器件贴紧电路板插装	
8	J1	接线端子	① 立式安装，不要倾斜，接线孔朝外。 ② 元器件贴紧电路板插装	

续表

序号	元器件编号	元器件名称	安装要求	示意图
9	VD2	发光二极管	① 立式安装至引脚限位处，不要倾斜。 ② 注意正负极方向	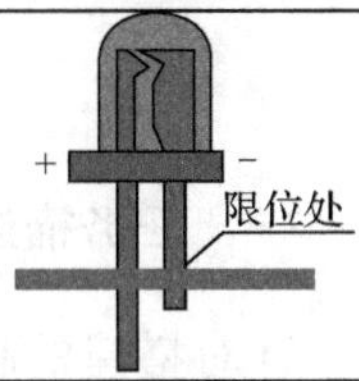
10	C1、C4	电解电容器	① 立式安装，不要倾斜，注意引脚正负极极性。 ② 元器件贴紧电路板插装	
11	HA1	蜂鸣器	① 立式安装，不要倾斜，注意引脚正负极极性。 ② 元器件贴紧电路板插装	

安装完成后，需要对所有元器件安装的正确性和质量进行检查，发现问题及时调整。在检查时，特别注意有极性的元器件是否装反。

四、任务评价

根据任务完成质量，填写超温声光报警电路装配评价表（表 10-4）。

表 10-4　超温声光报警电路装配评价表

评价内容	配分	评分标准	评分
元器件识别与检测	20	未按要求检查、清点元器件，在装配过程中发现元器件有遗漏或缺陷的，每个元器件扣 2 分	
		未填写“清点结果”，一处扣 1 分	
		识别与检测表，错一处扣 2 分	
元器件安装	40	有极性的元器件方向装反，一处扣 5 分	
		贴片元器件位置不端正，一处扣 2 分	
		元器件成形不符合工艺要求，一处扣 2 分	
		元器件插装不符合工艺要求，一处扣 2 分	
元器件焊接	30	漏焊、假焊、虚焊、连焊等，一处扣 2 分	
		焊点不光滑圆润、有毛刺、不干净等，一处扣 1 分	
		贴片元器件歪斜，一处扣 1 分	
		有烫伤、焊盘脱落等，一处扣 3 分	
		电路板上残留焊锡、引脚等，一处扣 2 分	
		修剪引脚不符合工艺要求，扣 1～3 分	
安全文明操作	10	在电路安装过程中符合安全文明操作要求，违反一项扣 2 分	
总分	100		

任务二　超温声光报警电路的测试

一、任务描述

针对搭建的超温声光报警电路，分析其工作原理，对电路参数进行调试和测量。

二、任务准备

工具准备：电烙铁、3mm 一字螺丝刀、3mm 十字螺丝刀、数字万用表。
设备准备：5V 直流电源、示波器。

三、任务实施

1. 通电前检测

用万用表测量电源输入端口 J1 两接线端之间电阻为__________（万用表型号为_______，挡位为_______）。

2. 电路功能调试

在确认输入电阻正常、元器件极性安装正确后，将实训台 5V 直流电源连接到电路板电源输入端 J1。

用万用表监测 U1 的 3 脚电位，同时调节可调电阻器 RP1，使 U1 的 3 脚电位为 2.2V±0.1V。此时发光二极管 VD2 应当处于常暗状态，蜂鸣器不鸣叫。

将已经预热的烙铁头靠近热敏电阻 RT1（与热敏电阻保持约 2mm 距离），使 RT1 温度上升。当 RT1 温度上升到一定值时，发光二极管 VD2 闪烁，蜂鸣器发出“嘀嘀”报警声。此时移开电烙铁，使热敏电阻 RT1 温度逐渐降至室温，发光二极管 VD2 应当熄灭，蜂鸣器应当停止鸣叫。

在确认功能正常后，举手请教师或组长检查。

3. 电路测试

1）电位测试

RP1 保持电路功能调试后的状态，按照要求测试电位并判断元器件工作状态，填写电位测试记录表（表 10-5）。

表 10-5　电位测试记录表

序号	电路状态	U1 的 1 脚	U1 的 2 脚	U1 的 3 脚	VT1 的 B 极	VT1 的 C 极	VT1 的 E 极	VT1 工作状态
1	RT1 处于室温状态							
2	加热 RT1，VD2 处于闪烁状态							

2）波形测试

当 VD2 处于闪烁状态时，用示波器观察 U2 的 1 脚波形，并将波形及相关参数记录在波形测量记录表（表 10-6）中。

表 10-6　波形测量记录表

波形	波形参数值	
	峰峰值	垂直偏转系数
	周期	水平偏转系数

4. 电路分析

（1）MF58 是________（正/负）温度系数热敏电阻，当温度升高时，电阻值________（增大/减小）。

（2）集成电路 LM393D 是________（运算放大器/电压比较器），集成电路 U2 与外围元器件组成________电路。

（3）当温度升高到一定值时，U1A 的同相输入端 3 脚电位________（高于/低于）其反相输入端 2 脚电位，U1A 的输出端 1 脚输出________（高/低）电平，此时报警电路工作，蜂鸣器鸣叫报警。

四、任务评价

根据任务完成质量，填写超温声光报警电路测试评价表（表 10-7）。

表 10-7　超温声光报警电路测试评价表

评价内容	配分	评分标准	评分
通电前检测	10	能够正确检测电路输入电阻	
电路功能调试	20	能够按要求选择电源，并将电源正确连接到电路板上（5 分）	
		RT1 处于室温时，能够正确调整电路，使 U1 的 3 脚电位为 2.2V±0.1V（5 分）	
		加热 RT1，蜂鸣器和发光二极管能够发出声光报警信号（5 分）	
		报警后，RT1 温度降至室温时，电路能够停止声光报警（5 分）	
电路测试	50	按照要求完成相关电位测试，并规范填写测试结果，错一处扣 3 分	
		按照要求完成相关波形测试，并规范绘制波形（8 分）	
		按照要求完成相关波形测试，并规范记录波形相关参数，每个参数 2 分	
电路分析	10	按照要求完成电路分析，错一处扣 2 分	
安全文明操作	10	在电路安装过程中符合安全文明操作要求，违反一项扣 2 分	
总分	100		

知识探究

一、超温声光报警电路工作原理

图 10-2 所示的超温声光报警电路主要由电压比较电路、多谐振荡电路和蜂鸣器驱动电路组成。

U1 及外围元器件构成电压比较器，U2 及外围元器件构成多谐振荡器。RT1 为负温度系数热敏电阻，温度越高，电阻值越小，U1 的 3 脚电位就越高。当温度较低时，U1 的 3 脚电位低于其 2 脚电位，U1 电压比较器的 1 脚输出低电平，使 U2 的 2 脚经 VD1 钳位至低电平，U2 多谐振荡器不工作，U2 输出高电平，VT1 截止，蜂鸣器 HA1 和发光二极管 VD2 均因无工作电压而不工作。当温度超过一定限值时，U1 的 3 脚电位高于其 2 脚电位，U1 电压比较器的 1 脚输出高电平，VD1 截止，U2 多谐振荡器工作，U2 的 1 脚输出频率较低的矩形波，控制 VT1 给蜂鸣器 HA1 和发光二极管 VD2 间断供电，使蜂鸣器发出报警声，发光二极管 VD2 闪烁。调节 RP1，可以调节报警温控点。

二、热敏电阻

热敏电阻是敏感元件的一类。按照温度系数不同，热敏电阻分为正温度系数热敏电阻和负温度系数热敏电阻。正温度系数热敏电阻的阻值随温度升高而增大，负温度系数热敏电阻的阻值随温度升高而减小。目前应用广泛的热敏电阻器是负温度系数热敏电阻。

热敏电阻的特点具体如下：

（1）灵敏度较高，其电阻温度系数至少要比金属的大 10 倍以上。

（2）工作温度范围宽，常温器件适用温度在−55～315℃之间，高温器件适用温度高于 315℃（目前最高可达 2000℃），低温器件适用温度在−273～55℃之间。

（3）体积小，能够测量其他温度计无法测量的空隙温度、腔体温度及生物体内血管温度。

（4）使用方便，电阻值可在 0.1～100kΩ 之间任意选择。

（5）易于加工成复杂形状，可以大批量生产。

（6）稳定性好，过载能力强。

三、电压比较器 LM393

双电压比较器 LM393 是由两个独立、精确的电压比较器组成，其失调电压不超过 2.0mV，可在单电源下或双电源下工作，并且其电流大小不受电源电压幅度大小的影响。LM393 比较器是高增益、宽频带器件，它有一个独特性能：即使在单电源下工作，其输入共模电压范围也能达到零电平。图 10-4 所示为 LM393 内部结构图。

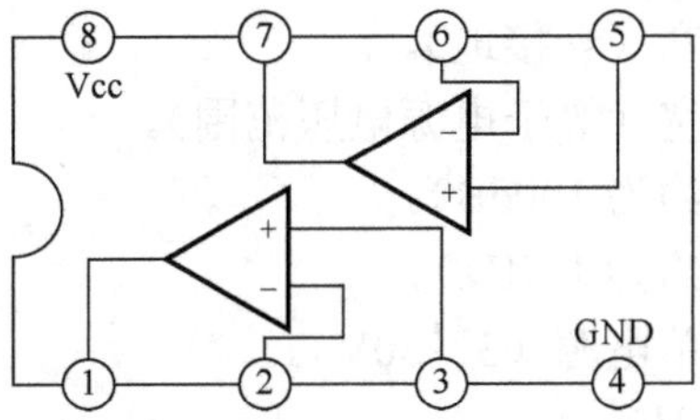

图 10-4　LM393 内部结构图

LM393 主要特点如下：

（1）工作电源电压范围宽，在单电源和双电源下均可工作，单电源：2～36V；双电源：±1～±18V。

（2）消耗电流小，I_{cc}=0.8mA。

（3）输入失调电压小，V=±2mV。

（4）共模输入电压范围宽：0～1.5V。

（5）输出与 TTL、DTL、MOS、CMOS 等兼容。

（6）输出可用开路集电极连接“或”门。

四、运算放大器 LM358

LM358 内部包括两个独立的、高增益、内部频率补偿的双运算放大器，不仅适用于电源电压范围很宽的单电源工作模式，也适用于双电源工作模式。在推荐的工作条件下，电源电流与电源电压无关。它的使用范围包括传感放大器、直流增益模组、音频放大器、工业控制、DC 增益部件和其他所有可用单电源供电的使用运算放大器的场合。图 10-5 所示为 LM358 引脚功能图。

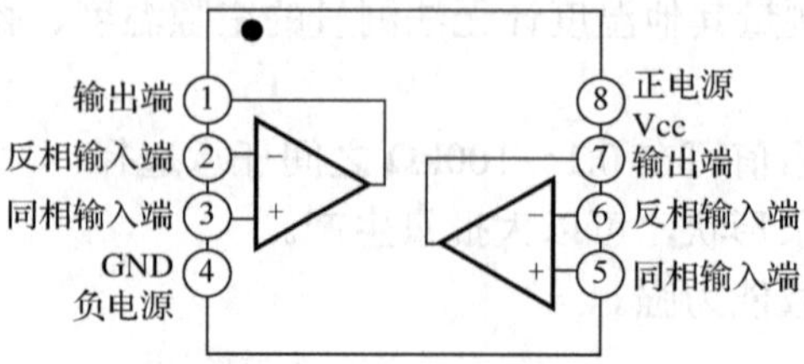

图 10-5　LM358 引脚功能图

LM358 的特点如下：

（1）内部频率补偿。

（2）低输入偏流。

（3）低输入失调电压和失调电流。

（4）共模输入电压范围宽（含接地）。

（5）差模输入电压范围宽（等于电源电压范围）。

（6）直流电压增益高（约为 100dB）。

（7）单位增益频带宽（约为 1MHz）。

（8）电源电压范围宽：单电源（3～30V）。

（9）双电源（±1.5～±15V）。

（10）低功耗电流，适用于电池供电。

（11）输出电压摆幅大（0～Vcc-1.5V）。

五、蜂鸣器

蜂鸣器是一种将电信号转换成声音信号的器件，常用来产生设备的提示音、报警音等信号。蜂鸣器具有体积小、重量轻、声压电平高、耗能少、寿命长以及使用方便等特点，因此在家用电器、报警系统中被广泛使用。图 10-6 所示为蜂鸣器实物图。

图 10-6　蜂鸣器实物图

蜂鸣器按驱动方式可分为有源蜂鸣器和无源蜂鸣器两种。这里的“源”不是指电源，而是指振荡源。也就是说，有源蜂鸣器内部带振荡源，通电就会鸣叫。无源蜂鸣器内部不带振荡源，一般用 2～5kHz 的方波驱动。有源蜂鸣器通常比无源蜂鸣器价格高，这是因为有源蜂鸣器内部多了振荡电路。

很容易从外观上区分有源蜂鸣器和无源蜂鸣器。将蜂鸣器的引脚朝上放置观察，能够看见绿色电路板的是无源蜂鸣器，用黑胶封闭看不到电路板的是有源蜂鸣器，如图 10-7 所示。

（a）有源蜂鸣器

（b）无源蜂鸣器

图 10-7　有源蜂鸣器和无源蜂鸣器的区别

从“技术小白”到“粉末牛人”

“现在是互联网时代，我们的工作不能仅仅停留在做好自己‘分内之事’，应该思考如何从自动化、智能化的角度提高现场效率、降低劳动强度、提升产品质量。”重庆海尔洗衣机有限公司（以下简称“重庆海尔”）喷粉班组长卢跃富正在耐心地给几名年轻组员传授工作秘诀。

2009 年，卢跃富中专毕业，初出校门的他一时间不知道该走哪条路，只是单纯地想要跳出“农门”，在城市里闯出一番天地。卢跃富后来回忆道：“我毕业后去了浙江，干过车工、缝纫工、印花工等，后来听朋友说海尔公司在家乡招人，我就毫不犹豫地回来了。”

2010 年 1 月，卢跃富进入重庆海尔的标准化工厂从事钣金工作。“刚开始我每天都要焊接钢点 3 万多次，一天下来连筷子都拿不稳”。谈及初入职时的情形，卢跃富有很多感慨，他从那时起开始规划自己的职业道路。

2011 年，卢跃富主动申请调换到喷粉班组。作为洗衣机生产制造中最核心的制造工艺，喷粉工序对员工的专业化水平要求极高。为了干好喷粉工作，卢跃富除了跟着师傅“一对一”学习外，还利用业余时间恶补喷粉专业知识，并很快成为一名合格的喷粉工。

2013 年 5 月，海尔喷粉工作进入自动化阶段，迫切需要一线员工由操作型向知识型转化。面对新的挑战，卢跃富主动出击，积极参加公司知识型员工培育及疑难项目课题攻关，他每天下班后都单独留下来钻研喷粉工艺，思考改进办法。

几经摸索，卢跃富最终从劳动强度、效率、目视化、产品质量等方面对现场进行改善，不仅为企业创造了巨大效益，还点燃了他心中技术创新的火花。

卢跃富说他最初钻研技术创新攻坚的动力就是想提高工作效率，早点下班。他告诉记者，喷粉班的主要作业工具是自动喷枪，每喷完一种型号的产品就需要更换颜色，每换一次颜色就要替换所有自动喷枪输送管。“换颜色是大家最头疼的事。我们班组自动喷枪多、输送管复杂，更换时，如果有一根出错，就会影响整个喷粉工作”。

在“提高效率，早点下班”目标的驱动下，卢跃富开始了首次尝试。一个月后，他掌握了快速换粉的方法，大幅提高了生产效率。自此之后，“创新”成为经常挂在卢跃富嘴边的词。在生产车间进行智能化升级改造期间，卢跃富用自己的 40 余项创新成果为企业助力。

与此同时，卢跃富还编制了喷粉工序控制计划，对喷粉工序质量进行全流程管控。通过这一创新技术，卢跃富将喷粉一次下线合格率由 85%提升至 98%以上，线体生产效率由单小时 380 台提升至 480 台，线体效率提升约 20%，每年为企业节约能耗、物耗费用 300 余万元。

2020 年 12 月，拥有诸多创新成果的卢跃富从全国 3 亿名农民工中脱颖而出，荣获“全国优秀农民工”称号，并在 2021 年荣获“重庆市劳动模范”称号，也给自己十年职业生涯交出了满意的答卷。

荣誉光环的加持让卢跃富成了青年技工的偶像，他也将自己的经验向徒弟倾囊相授。常规来说，一名成熟的喷粉工需要两到三个月的锻炼时间，而卢跃富通过讲解设备工作原理、设计操作规范、分享实操经验，形成了一套“标准化”的培养流程，将新人培养时间缩短到半个月。通过这种模式，卢跃富先后为企业培养了 20 余名喷粉专业技术人员，其中多人被评为首席技师、高级技师。

十多年来，卢跃富坚持创新初衷。他说：“作为新时代的产业工人，肩负着助力中国制造抢占“智高点”的使命，在新的‘赶考’路上，我还要继续提升文化和技能水平，做一名合格的‘答卷人’”

（资料来源：根据网络资料整理）

项目十一　自动计数打包电路的装配与测试

项目初识

在自动化流水线上，人们经常会遇到产品计数包装问题。自动计数打包电路能够对传输带上的产品进行自动计数，当计数达到规定数量时，启动特定设备对纸箱或包装袋进行包装，从而实现产品计数与包装过程自动化。图 11-1 所示为自动计数单盘螺钉定位包装机。

图 11-1　自动计数单盘螺钉定位包装机

项目目标

1. 了解自动计数打包电路的工作原理。
2. 掌握自动计数打包电路的安装工艺要求。
3. 掌握自动计数打包电路的测试方法。

任务一　自动计数打包电路的装配

一、任务描述

识读自动计数打包电路图，识别和检测相关元器件，按工艺要求装配电路。

二、任务准备

工具准备：电烙铁、镊子、斜口钳、3mm 一字螺丝刀、3mm 十字螺丝刀、数字万用表。
材料准备：电路所需元器件、印制电路板、焊锡丝。

三、任务实施

1. 电路图识读

对照自动计数打包电路图（图 11-2），结合“知识探究”部分相关知识，分析自动计数打包电路的组成、工作原理及各部分元器件的作用。

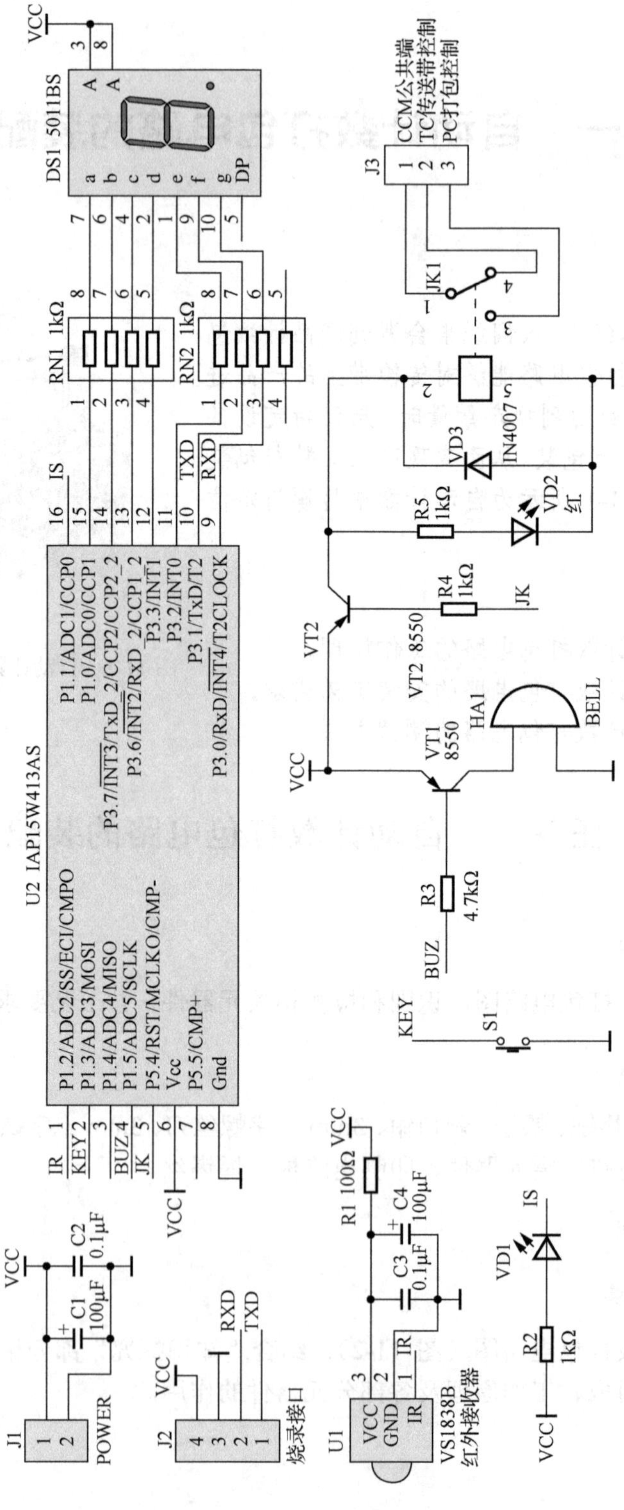

图 11-2　自动计数打包电路图

2. 元器件识别与检测

根据自动计数打包电路所需器材清单（表 11-1）清点元器件数量，目测元器件及电路板有无缺陷，也可用万用表对元器件进行测量。确认正常后在“清点结果”栏打“√”，并填写自动计数打包电路元器件识别与检测记录表（表 11-2）。

表 11-1　自动计数打包电路所需器材清单

序号	元器件名称	规格	元器件编号	数量	清点结果
1	贴片电阻器	0805-100Ω	R1	1	
2	贴片电阻器	0805-1kΩ	R2、R4、R5	3	
3	贴片电阻器	0805-4.7kΩ	R3	1	
4	排阻器	0805-8P4R-1kΩ	RN1、RN2	2	
5	电解电容器	25V-100μF	C1、C4	2	
6	贴片电容器	0805-0.1μF	C2、C3	2	
7	红外发射二极管	5mm、940nm 红外发射管	VD1	1	
8	发光二极管	5mm、红色	VD2	1	
9	二极管	DO-41-1N4007	VD3	1	
10	三极管	SOT-23-8550	VT1，VT2	2	
11	红外接收器	VS1838B	U1	1	
12	集成块	SOP-16-IAP15W413AS（已烧录程序）	U2	1	
13	数码管	5011BS、红色、非高亮	DS1	1	
14	蜂鸣器	5V 有源蜂鸣器	HA1	1	
15	继电器	松乐、SRD-05V	JK1	1	
16	微动开关	直插、6×6×5	S1	1	
17	接线端子	KF301-2P 5.0	J1	1	
18	烧录接口	单排针、2.54mm、直	J2	4	
19	接线端子	KF301-3P 5.0	J3	1	
20	热缩管	黑色、直径 6mm、长 15mm		1	
21	印制电路板	配套		1	

表 11-2　自动计数打包电路元器件识别与检测记录表

元器件名称	识别及检测内容			
电阻器	位号	外观标识	标称阻值	实测阻值
	R4			
二极管	位号	外观标识	正向压降	引脚示意图
	VD3			

续表

元器件名称	识别及检测内容			
三极管	位号	外观标识	管型	引脚示意图
	VT1			
继电器	位号	额定工作电压	线圈直流电阻	引脚示意图
	JK1			

3. 元器件安装

对照电路图、器材清单和印制电路板上的标识装配、焊接元器件，并用斜口钳将电路板反面多余引脚剪去（留头长度在0～0.5mm之间）。

需要特别注意以下要求：

（1）先安装焊接贴片元器件，再安装直插元器件。

（2）元器件的插装应当遵循“先小后大、先低后高、先里后外”的原则。对于有极性的元器件，要特别注意其安装方向。

（3）本任务所用印制电路板为双面板，焊接直插元器件时，熔融的焊料不仅浸润焊盘上方，还需渗透到金属化孔内，将两面的焊盘位及通孔内面100%覆盖。

（4）贴片元器件应当平贴板面，焊点光滑无毛刺、略呈弧状，焊锡高度应当超过焊端高度的2/3，但不应超过焊端高度。

元器件的具体安装要求见表11-3。

表11-3　元器件安装要求

序号	元器件编号	元器件名称	安装要求	示意图
1	U2	集成块	① 紧贴印制电路板安装，注意安装方向。 ② 位置端正规范，所有引脚都要与焊盘对齐	
2	RN1	排阻器	① 紧贴印制电路板安装，标识读数从上往下读取。 ② 位置端正规范，焊盘所留空余位置基本相等	
3	VT1	三极管	① 紧贴印制电路板安装，注意安装方向。 ② 位置端正规范，焊盘所留空余位置基本相等	

续表

序号	元器件编号	元器件名称	安装要求	示意图
4	R1～R5	贴片电阻器	① 水平或垂直方向卧式安装，标识读数从左往右或从上往下读取。 ② 电阻体平贴板面，居于两焊盘中央位置	
5	C2、C3	贴片电容器	① 水平或垂直方向卧式安装，标识读数从左往右或从上往下读取。 ② 电容体平贴板面，居于两焊盘中央位置	
6	VD3	二极管	① 卧式安装，注意正负极方向。 ② 紧贴电路板插装，元件标识清晰可见	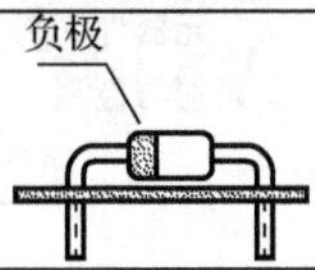
7	S1	微动开关	① 立式安装，不要倾斜。 ② 元器件贴紧电路板，注意焊接时间不可过长	
8	DS1	数码管	① 立式安装，不要倾斜，注意安装方向。 ② 元器件贴紧电路板插装	
9	VD2	发光二极管	① 立式安装至引脚限位处，不要倾斜。 ② 注意正负极方向	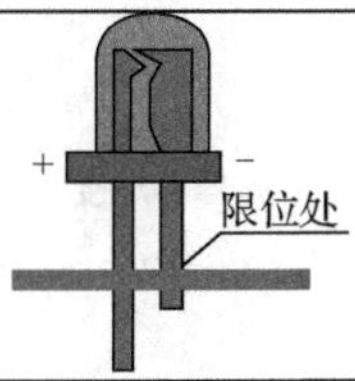
10	J1、J2、J3	接线端子	① 立式安装，不要倾斜，接线孔朝外。 ② 元器件贴紧电路板插装	
11	C1、C4	电解电容器	① 立式安装，不要倾斜，注意引脚正负极极性。 ② 元器件贴紧电路板插装	
12	U1	红外接收器	① 立式安装至引脚限位处，不要倾斜。 ② 注意安装方向	
13	VD1	红外发射二极管	① 先按卧式安装要求对引脚成形，然后套上热缩管（只留出引脚和发射窗口），注意引脚正负极极性。 ② 安装时将发射窗口对准接收头的接收窗口，元器件体与印制电路板平行	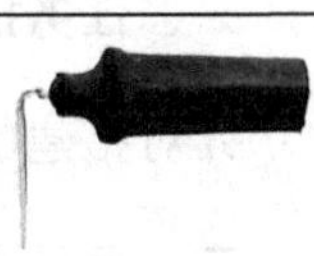
14	HA1	蜂鸣器	① 立式安装，不要倾斜，注意引脚正负极极性。 ② 元器件贴紧电路板插装	
15	JK1	继电器	① 立式安装，不要倾斜。 ② 元器件贴紧电路板插装	

安装完成后，需要对所有元器件安装的正确性和质量进行检查，发现问题及时调整。在检查时，特别注意有极性的元器件是否装反。

四、任务评价

根据任务完成质量，填写自动计数打包电路装配评价表（表 11-4）。

表 11-4 自动计数打包电路装配评价表

评价内容	配分	评分标准	评分
元器件识别与检测	20	未按要求检查、清点元器件，在装配过程中发现元器件有遗漏或缺陷的，每个元器件扣 2 分	
		未填写“清点结果”，一处扣 1 分	
		识别与检测表，错一处扣 2 分	
元器件安装	40	有极性的元器件方向装反，一处扣 5 分	
		贴片元器件位置不端正，一处扣 2 分	
		元器件成形不符合工艺要求，一处扣 2 分	
		元器件插装不符合工艺要求，一处扣 2 分	
元器件焊接	30	漏焊、假焊、虚焊、连焊等，一处扣 2 分	
		焊点不光滑圆润、有毛刺、不干净等，一处扣 1 分	
		贴片元器件歪斜，一处扣 1 分	
		有烫伤、焊盘脱落等，一处扣 3 分	
		电路板上残留焊锡、引脚等，一处扣 2 分	
		修剪引脚不符合工艺要求，扣 1～3 分	
安全文明操作	10	在电路安装过程中符合安全文明操作要求，违反一项扣 2 分	
总分	100		

任务二 自动计数打包电路的测试

一、任务描述

针对搭建的自动计数打包电路，分析其工作原理，对电路参数进行调试和测量。

二、任务准备

工具准备：3mm 十字螺丝刀、数字万用表。
设备准备：5V 直流电源、示波器。

三、任务实施

1. 通电前检测

用万用表测量交流输入两接线端之间电阻为_________（万用表型号为______，挡位为______）。

2. 电路功能调试

在确认输入电阻正常、元器件极性安装正确后，为电路板连接实训台5V直流电源。检查以下功能是否正常：

（1）通电后数码管显示“0”。

（2）用镊子尾部遮挡红外发射二极管发射端（模拟产品经过），遮挡一次数码管计数值应当加1。

（3）当计数至6时，继电器吸合，模拟传送带控制端断开、打包控制端接通（传送带停止，打包机构动作），VD2点亮，蜂鸣器鸣叫一声。按下S1（模拟打包完成回馈信号），继电器释放，VD2熄灭，数码管显示“0”，重新开始计数。

在确认功能正常后，举手请教师或组长检查。

3. 电路测试

1）电位测试

按照要求测试电位，填写电位测试记录表（表11-5）。

表11-5　电位测试记录表

引脚	U2的6脚	U2的8脚	U2的2脚（S1释放）	U2的2脚（S1按下）	VD2点亮时VT2的B极	VD2点亮时VT2的C极
电位/V						

按照要求测试电位，填写数码管DS1各引脚电位测试记录表（表11-6）。

表11-6　数码管DS1各引脚电位测试记录表

测试条件：在数码管显示“2”时测试

引脚	1	2	3	4	5	6	7	9	10
电位/V									

2）波形测试

用示波器观察VD1阳极波形，并将波形及相关参数记录在波形测量记录表（表11-7）中。

表 11-7　波形测量记录表

波形	波形参数值	
	峰峰值	垂直偏转系数
	周期	水平偏转系数

4. 电路分析

当继电器吸合时，系统进入________（打包/传送）工作状态；当继电器断开时，系统进入________（打包/传送）工作状态。

四、任务评价

根据任务完成质量，填写自动计数打包电路测试评价表（表 11-8）。

表 11-8　自动计数打包电路测试评价表

评价内容	配分	评分标准	评分
通电前检测	10	能够正确检测电路输入电阻	
电路功能调试	20	能按要求选择电源，并将电源正确连接到电路板上（5 分）	
		通电后数码管显示“0”（5 分）	
		能够正常计数显示（5 分）	
		计数至“6”完成“打包”，之后重新计数（5 分）	
电路测试	50	按照要求完成相关电位测试，并规范填写测试结果，错一处扣 3 分	
		按照要求完成相关波形测试，并规范绘制波形（8 分）	
		按照要求完成相关波形测试，并规范记录波形相关参数，每个参数 2 分	
电路分析	10	按照要求完成电路分析，错一处扣 5 分	
安全文明操作	10	在电路安装过程中符合安全文明操作要求，违反一项扣 2 分	
总分	100		

知识探究

一、自动计数打包电路工作原理

图 11-2 所示的自动计数打包电路由红外发射电路、红外接收电路、单片机控制电路、数码管显示电路、蜂鸣器驱动电路和继电器驱动电路组成。

VD1 和 R2 组成红外发射电路（由单片机 U2 的 16 脚提供脉冲驱动信号），红外接收器 U1 与红外发射电路构成红外发射检测单元。单片机 U2 的 2 脚检测按键信号，4 脚输出蜂鸣器控制信号，5 脚输出发光二极管和继电器的控制信号，9～15 脚输出数码管驱动信号并使其显示计数值。每经过一件货物就因红外信号被遮挡一次而形成一个计数脉冲，在单片机 U2 的 1 脚检测到计数脉冲后，通过内部程序完成计数、比较、软件译码等功能。当计数值等于设定值时，U2 的 4 脚输出一个负脉冲使蜂鸣器鸣叫一声，同时 5 脚输出低电平，发光二极管 VD2 点亮，继电器动作，传送带停止输送货物，打包电路开始工作。按键 S1 模拟打包完成回馈信号。按下按键 S1 后，单片机 U2 控制计数值清零并开始重新计数，同时 5 脚输出高电平，使发光二极管 VD2 熄灭，继电器释放，传送带重新开始工作。电路如此周而复始工作，完成计数、计数值显示和打包控制等功能。

二、STC 单片机

STC 单片机是由中国深圳宏晶科技有限公司研发生产的一种单片机，处于业内领先地位，其高性能 STC 系列 MCU 和 SRAM 已通过国际权威认证机构 SGS（瑞士通用公证行）的多项认证。

宏晶科技创始人姚永平说："如果每个中国人都力争在一个方向做到世界第一，我们中国就强大了！"宏晶科技不断地用实际行动践行自己的使命和担当，经过多年努力，宏晶科技现已成为全球最大的 8051 单片机设计公司，并且占有了 51 单片机全球 80%以上的市场份额。

IAP15W413AS 单片机是 STC 生产的单时钟/机器周期（1T）的单片机，是具有宽电压、高速、高可靠、低功耗、超强抗干扰特性的新一代 8051 单片机，采用了 STC 第九代加密技术，无法解密。该单片机指令代码完全兼容传统 8051 单片机，其速度比传统 8051 单片机快 8～12 倍。此外，其内部集成高精度 RC 时钟和高可靠复位电路，可以彻底省掉外部昂贵的晶振电路和外部复位电路。

三、红外发射、接收相关知识

红外线遥控是目前使用较广泛的一种通信和遥控手段。红外线光谱位于红色光之外，其波长在 0.76～1.5μm 之间，比红光波长还长。红外遥控是利用红外线传递信息的一种控制方式，具有抗干扰，电路简单，容易编码和解码，体积小、功耗低、功能强、成本低等特点。继彩色电视机、录像机之后，红外发射和接收装置（图 11-3 和图 11-4）

在录音机、音响设备、空调机及玩具等其他小型电器上也得到广泛应用。另外，工业设备在高压、辐射、有毒气体、粉尘等环境下工作，采用红外线遥控，不仅安全可靠，还能有效地隔离电气干扰。

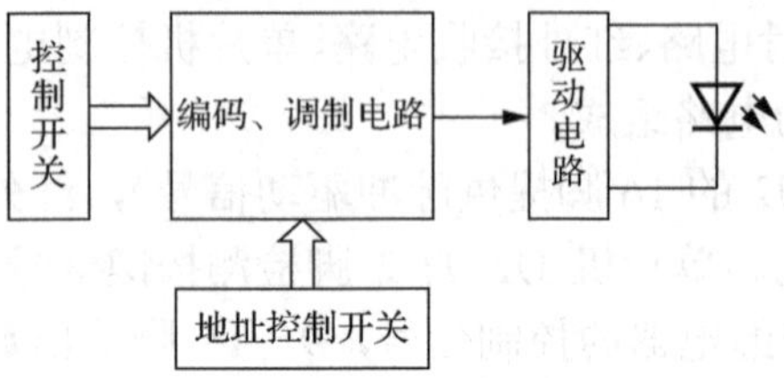

图 11-3　发射装置框图

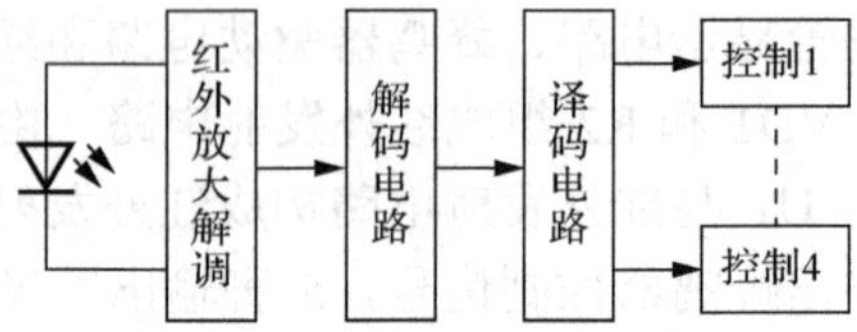

图 11-4　接收装置框图

通用红外遥控系统由发射和接收两大部分组成，通过应用编/解码专用集成电路芯片进行控制操作。发射部分包括键盘矩阵、编码调制、LED 红外发送器；接收部分包括光电转换放大器、解调、解码电路。

四、数码管

数码管也称 LED 数码管，是一种半导体发光器件，其基本单元是发光二极管。不同行业人士对数码管的称谓不同，其实都是同样产品。

1. 数码管的分类

数码管按照段数可分为七段数码管和八段数码管，八段数码管比七段数码管多一个发光二极管单元，即多一个小数点（decimal point，DP），这个小数点可以更精确地表示数码管想要显示的内容。按照能够显示多少个“8”，可将数码管分为 1 位数码管、2 位数码管、3 位数码管、4 位数码管、5 位数码管、6 位数码管、7 位数码管。图 11-5 所示为常见数码管实物图。

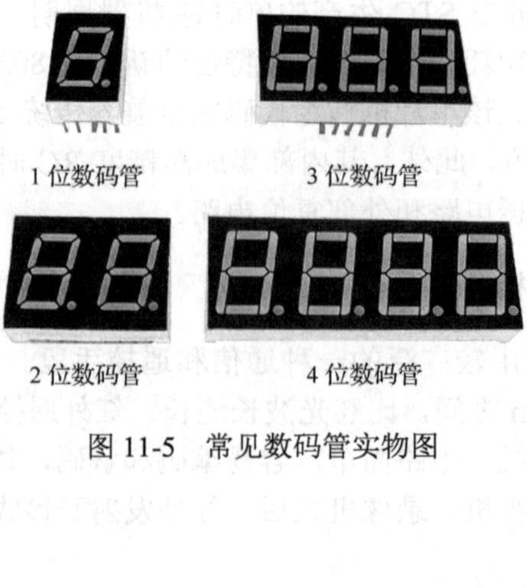

图 11-5　常见数码管实物图

按照发光二极管单元连接方式，数码管分为共阴极数码管和共阳极数码管。共阴极数码管的 8 个发光二极管的阴极（二极管负端）连接在一起。通常公共阴极接低电平（一般接地），其他引脚接各段驱动电路输出端。当某段驱动电路的输出端为高电平时，该端所连接的字段导通并点亮，并可根据发光字段的不同组合显示出各种数字或字符。此时，不仅要求段驱动电路能够提供额定的段导通电流，还要根据外接电源及额定段导通电流来确定相应的限流电阻。

共阳极数码管的 8 个发光二极管的阳极（二极管正端）连接在一起。通常公共阳极接高电平（一般接电源），其他引脚接各段驱动电路输出端。当某段驱动电路的输出端为低电平时，则该端所连接的字段导通并点亮，并可根据发光字段的不同组合显示出各种数字或字符。此时，不仅要求段驱动电路能够吸收额定的段导通电流，还要根据外接电源及额定段导通电流来确定相应的限流电阻。数码管内部电路图如图 11-6 所示。

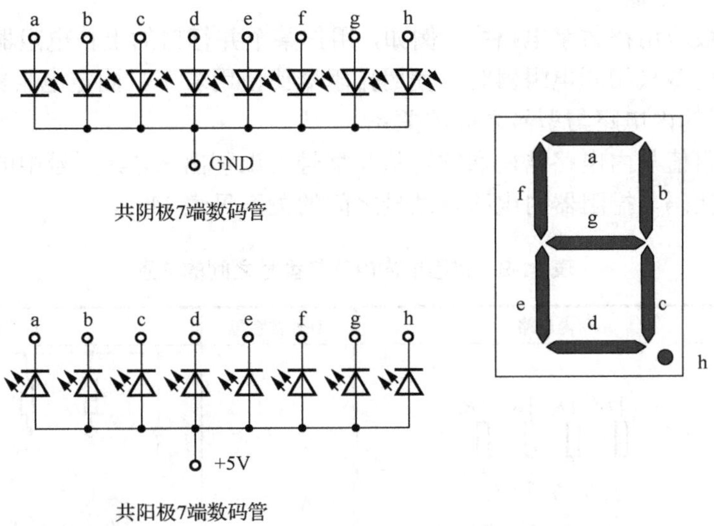

图 11-6　数码管内部电路图

2. 数码管应用

数码管是一种可以显示数字和其他信息的电子设备，对其不同的引脚输入相对应的电流会使其发亮，从而显示出数字。数码管能够显示时间、日期、温度等所有可用数字表示的参数。

数码管价格便宜，使用简单，广泛应用于仪表、时钟、家电中。当选用数码管时，要注意产品的尺寸、颜色、功耗、亮度、波长等。

五、排阻器

排阻器即网络电阻器，是封装在一起的多个电阻器。图 11-7 所示为常见排阻器实物图。

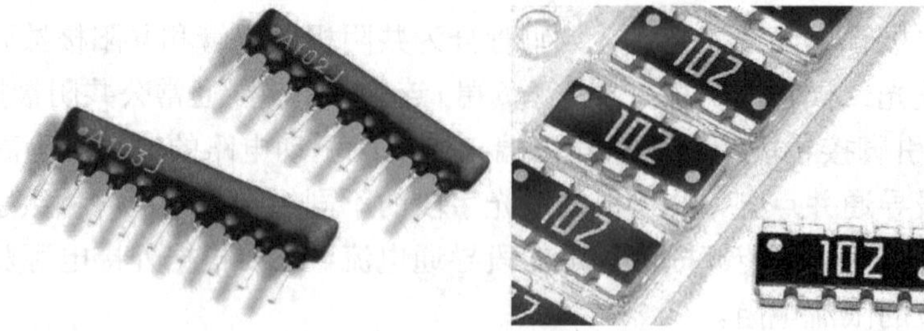

图 11-7　常见排阻器实物图

1）排阻器的优点

排阻器不仅简化了 PCB 的设计、安装，还减少了空间，使装配更方便，从而能够更好地保证焊接质量。

2）排阻器的用途

排阻器一般应用在数字电路中。例如，用作某个并行口的上拉电阻器或者下拉电阻器。在需要使用多只相同电阻器时，使用排阻器比使用若干只固定电阻器更方便。

3）排阻器的内电路与型号之间的关系

排阻器的阻值与内电路结构通常可从其型号上识别出来，其型号中的第一个字母为内部电路结构代码。排阻器内电路与型号之间的关系见表 11-9。

表 11-9　排阻器内电路与型号之间的关系

型号首字母	内电路	型号首字母	内电路
型号中无字母	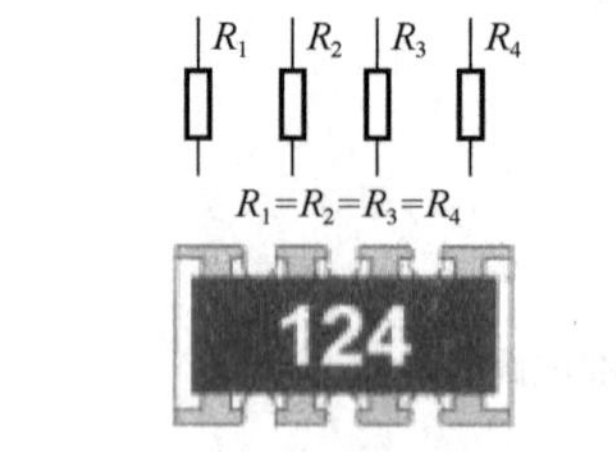	A（X）	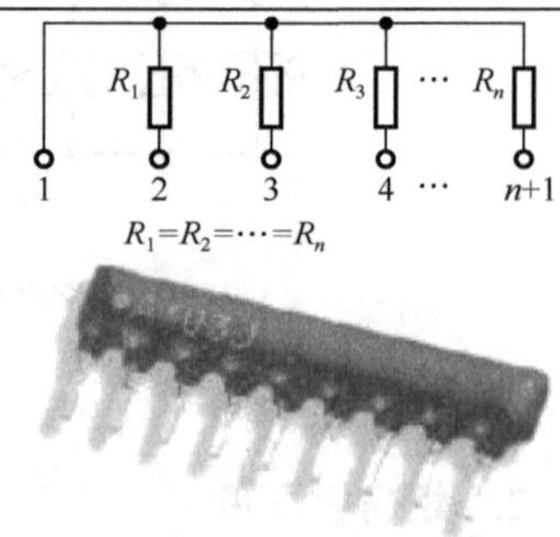
B（Y）	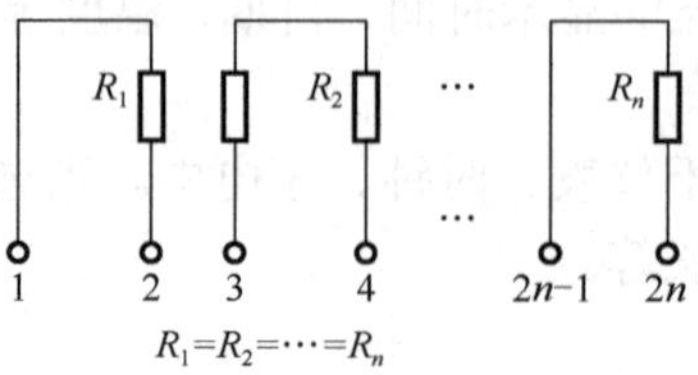	C	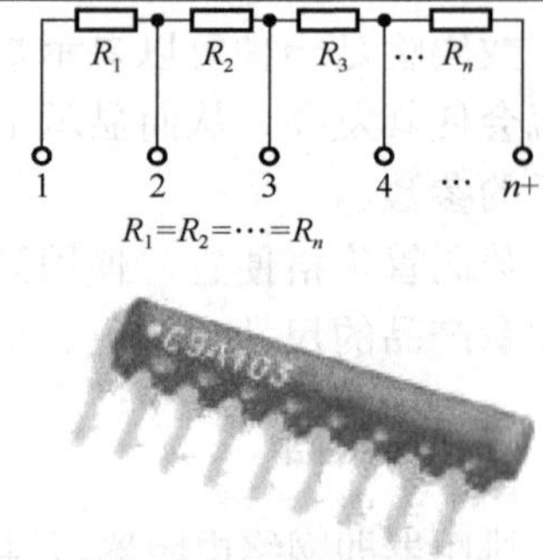

续表

型号首字母	内电路	型号首字母	内电路
D	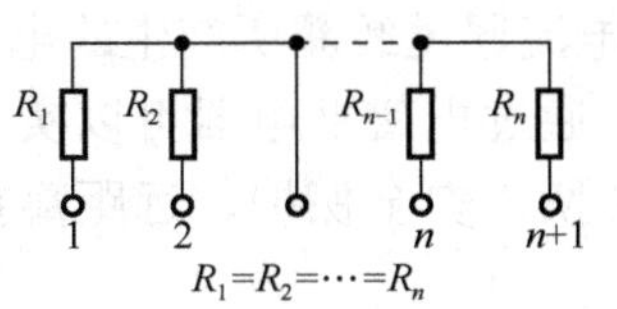	E（M）	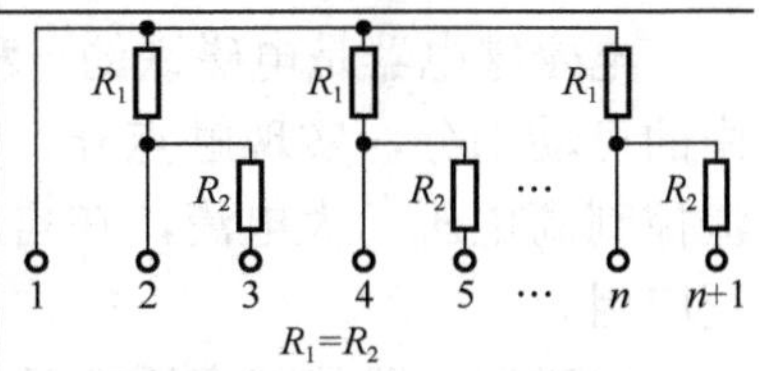
F（Z）	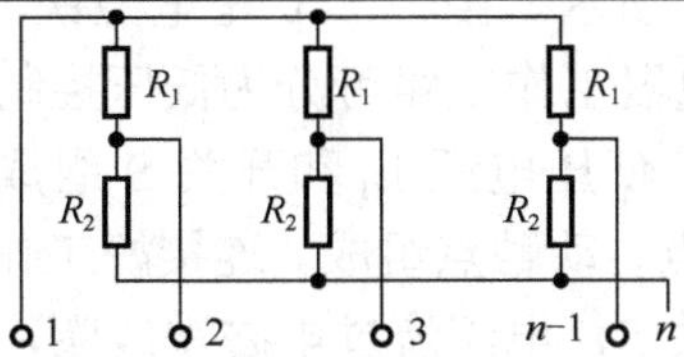	G	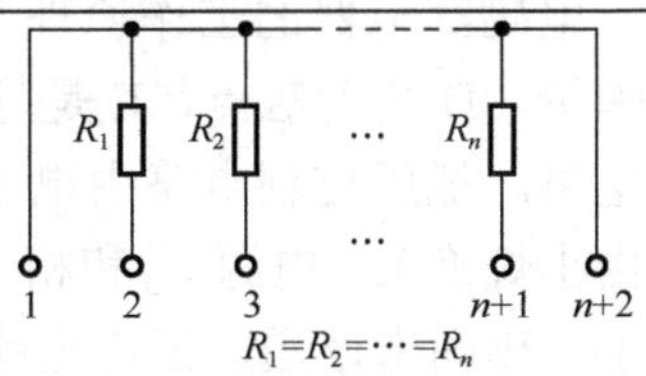

A 型排阻器内电路中的 1 脚是公用端，在排阻器上会有一个圆点标记的引脚引出内电路的公用端，如图 11-8 所示。

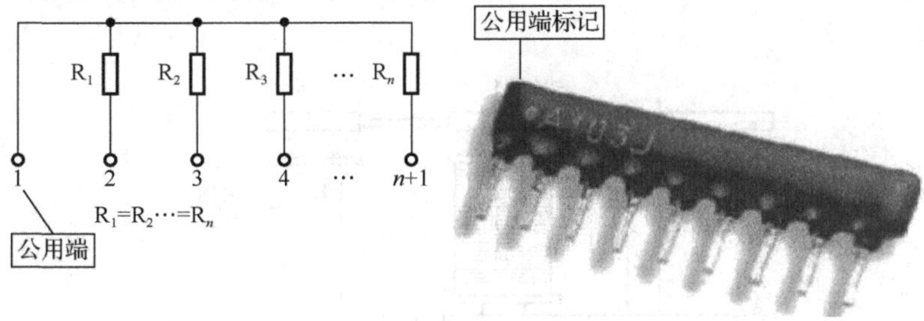

图 11-8　寻找排阻器公用端方法

4）排阻器阻值的识别方法

排阻器的阻值通常用三位数字表示，标注在电阻体表面。在三位数字中，从左至右的第一、第二位为有效数字，第三位表示前两位数字乘 10 的 *N* 次方（单位为 Ω）。如果阻值中有小数点，则用“R”表示，并占一位有效数字。例如：标示为“103”的阻值为 10×10^3=10kΩ；标示为“220”的阻值为 22×10^0=22Ω；标示为“2R2”的阻值为 2.2Ω；标示为“0”或“000”的阻值为 0Ω（这种排阻一般用来充当跳线）。

5）排阻器误差的识别方法

排阻器数字后面的第一个英文字母表示误差，常见的英文字母含义如下：F=±1%、G=±2%、J=±5%、K=±10%。

6）其他参数

有引脚的排阻器脚距有两种：2.54mm 和 1.78mm。贴片排阻器脚距为 1.27mm。

六、电磁继电器

电磁继电器是电磁铁的一种应用，由控制电流通过线圈所产生的电磁吸力驱动磁路中的可动部分，实现触点开、闭或转换功能。通过电磁继电器可以实现低电压、小电流控制高电压、大电流，在自动调节、自动转换、安全保护、远距离控制等电路中广泛应用。

电磁继电器的工作原理示意图如图 11-9 所示。图中，A 是电磁铁，B 是衔铁，C 是弹簧，D 是动触点，E 是静触点。电磁继电器工作电路可分为低压控制电路和高压工作电路。低压控制电路由电磁铁 A、衔铁 B、低压电源 E_1 和开关 S 组成；高压工作电路由小灯泡 L、电源 E_2 和相当于开关的静触点、动触点组成。连接好工作电路，在常态时 D、E 间未连通，工作电路断开。闭合开关 S，电流流过电磁铁线圈，产生磁场，将衔铁吸下来，动触点同时与两个静触点接触，使 D、E 间连通。这时弹簧被拉长，高压工作电路被接通，小灯泡 L 发光。断开开关 S，电磁铁失去磁性，对衔铁无吸引力，衔铁在弹簧拉力作用下回到原来位置，动触点与静触点分开，高压工作电路被切断，小灯泡 L 不发光。

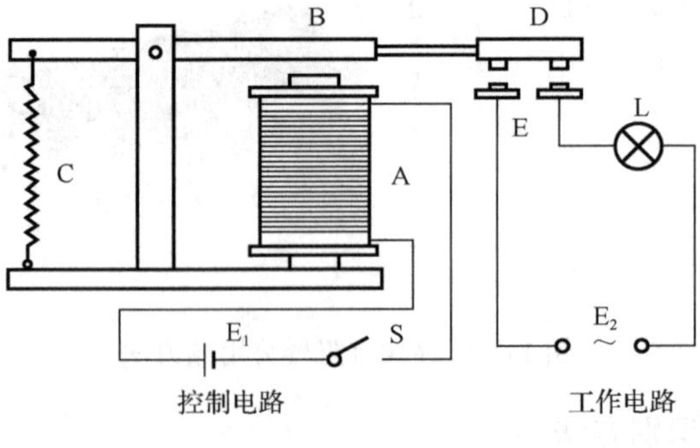

图 11-9　电磁继电器工作原理示意图

打磨精湛技术，用技能创造社会价值

2021 年 4 月荣获“全国五一劳动奖章”的蔡剑云是首届百名“八婺工匠”之一。他从事电梯维修行业 18 年，凭借不懈的努力和不服输的精神成长为如今的行业翘楚。

蔡剑云 2003 年毕业后便进入浙江飞亚电梯有限公司工作。从一个什么都不懂的“菜鸟”成长为技术精湛的“行家”，他付出了太多努力。

作为一名电梯维修工，他每天都要面对复杂的线路图和上百个微小零部件。刚工作的时候，他很多知识都不懂，于是他便开始拼命学习，看很多图纸，并记住每个部件的作用。每当他遇到自己不能解决的问题时，就虚心请教师傅，不放过任何一个实操锻炼的机会。

蔡剑云不是一个知难而退的人，遇到问题他会想尽一切办法去解决。他说："遇到难题我会自己去钻研和思考，有时候打一两个电话请教师傅就可以解决的问题，我却更愿意花上半天时间自己琢磨，找出问题所在。"

他认为，师傅只是引路人，教会你方法，但成事最终还是要靠自己。正是凭着自己对工作的热爱和坚持，他逐渐成为公司的技术骨干，普通维修工在遇到处理不了的故障时，都会打电话找他求助。此外，他还潜心研究、撰写论文，并获得3项国家发明专利，在《中国电梯》杂志上发表了两篇论文。

2014年，蔡剑云加入了金华市电梯应急联动救援服务队，6年里他成功解救被困群众上百人。有一次他正和家人吃晚饭，接到电话获知大黄山工业区有一个大人和两个小孩被困在电梯里等待救援，他马上放下碗筷赶往现场，及时将三人解救出来。

"随叫随到"已成为蔡剑云的日常工作之一。他始终认为，能用所学的专业技能服务群众、回报社会是一件很有意义的事情。

他说，今后仍要继续学习新知识，提高自身本领，以便更好地适应这个科技高速发展的时代。此外，他还要在研发项目上继续下功夫，在为公司创造效益的同时也让老百姓乘坐更舒适的电梯。他还希望能够带徒传艺，培养更多年轻人，把专业技能发扬和传承下去。

（资料来源：根据网络资料整理）

参 考 文 献

崔陵，2022．电子产品安装与调试[M]．北京：高等教育出版社．
崔陵，2022．电子基本电路安装与调试[M]．北京：高等教育出版社．
刘晓书，王毅，2011．电子产品装配与调测[M]．北京：科学出版社．
张天富，2012．电子产品装配与调试[M]．北京：电子工业出版社．